…代史十大事件

関 裕二

PHP文庫

○本表紙図柄＝ロゼッタ・ストーン（大英博物館蔵）
○本表紙デザイン＋紋章＝上田晃郷

はじめに

事件の真相は、なかなか後の世に伝わらない。

特に歴史を揺るがすほどの巨大な事件や戦争が起きると、たいがいの場合、真相は闇《やみ》に葬られる。勝者が、歴史を書き残していくからだ。政権にとって都合の悪いことは、伏せられ、ねじ曲げられる。権力者は憎んでいた政敵を、悪《あ》し様《ざま》に書かねば、気が済まない……。

この、「あたりまえの事実」がわかっていないと、歴史を読み誤るし、歴史を学ぶ意味がない。

古代史の面白さは、まさに「多くの事件の真相が権力者の手で闇に葬られてしまった」こと、しかも、ほとんどの事件が未解決のままになっていることだ。そして信じられないかもしれないが、千数百年前の出来事を、まるで昨日のことのように語り、憎しみ合っている地域が、日本列島にはまだ残っている。しかも、ひとつやふたつではない。古い歴史をもつ地域には、かならずといってよいほど、いがみ合

う人たちがいる。話を聞けば、

「それは、神話の世界の話ではないか‼」

と、驚かされることもある。

「そんな昔のことを、いまだに恨《うら》んでいるのは野蛮な人たちだ」と、ついわれわれは思ってしまう。「仲直りすればよいのに」と、上から目線で批判してしまう。

しかし、ここが肝心なところなのだが、もし仮に、恨みを捨てられない人たちの先祖が「本当は正しかった人」で、罪もないのに殺され、しかも業績や手柄をすべて勝者に奪われた挙げ句、歴史書には「大悪人」として描かれ、末裔《まつえい》が石礫《いしつぶて》を投げられてきたとしたなら、それでもあなたは「恨みを捨てないバカなやつら」と笑えるだろうか。歴史を見直す作業を怠《おこた》ってきたわれわれこそ、愚昧《ぐまい》と誹《そし》られてしかるべきではあるまいか。

これまであきらかにされてこなかった事件の真相を、われわれは解き明かす義務がある。忘れ去られた英雄、悪人呼ばわりされてきた英傑《えいけつ》たちの、失地回復のためにも、真実を掘り起こさなければならないのである。

ヤマト王権と古代史十大事件　目次

第一章　出雲の国譲り

第二章　神武東征と倭国大乱

第三章　神功皇后の九州・三韓征伐

第四章　継体天皇の登場と磐井の乱

第五章　丁未の乱の裏側

第六章 上宮王家滅亡事件の真相

第七章　乙巳の変の意外な実行犯

第八章 大化改新と蘇我倉山田石川麻呂の滅亡

第九章　白村江の戦いと女帝の悲劇

第十章　壬申の乱

制作協力——三猿舎
本文写真——関 裕二
三猿舎

第一章　出雲の国譲り

出雲の国譲りは奇妙な事件

日本列島を揺るがすような大事件は、神話の世界でまず勃発した。それが、出雲《いずも》の国譲りなのだ。

天皇家の祖神《そしん》は出雲神の支配していた葦原中国《あしはらのなかつくに》を強引に譲り受けた上で、天孫《てんそん》降臨《こうりん》を成し遂げている。敗れた出雲神はそそくさと去っていったのだから、これは「政権交替」であり、だから当然、『日本書紀《にほんしょき》』は出雲神の「悪いところ」を大きく取りあげるべきであった。ところが『日本書紀』の記事は中途半端なのだ。葦原中国の神々を「蠅《はえ》のようにうるさい」「邪神」と言うが、何がどのように「よこしま」なのか、なにも説明がない。また、出雲神たちは、天神《あまつかみ》に抵抗することなく恭順してしまっている。悪人らしくない。

出雲神話といえば、牧歌的なイメージを抱かれる方も多かろう。しかし、出雲の国譲りは奇妙な事件なのだ。

そこでまず、『日本書紀』（本文）に記された事件のあらましを追ってみよう。

『日本書紀』神話は国常立尊《くにのとこたちのみこと》から始まり、第七代目にイザナキ（伊弉諾尊《いざなきのみこと》）とイザナミ（伊弉冉尊《いざなみのみこと》）が生まれる。二柱《はしら》の神は国土を造成し、諸々の神々を産んだ後、日神《ひのかみ》（太陽神《たいようしん》）の大日孁貴《おおひるめのむち》（女神。この神がこののち天照大神《あまてらすおおみかみ》と呼ばれるようになる。以下、天照大神で統一）を産んだ。大日孁貴は光り輝き、天地の四方の隅々まで照らした。イザナキとイザナミは、

「これまで多くの子を産み落としてきたが、これほど神秘的で霊妙な子はいなかった」

と喜び、天（天上界、高天原《たかまのはら》）に送って、天界の政事《まつりごと》を委《ゆだ》ねた。

次に生まれたのは月神《つきのかみ》（月読尊《つくよみのみこと》）で、やはり天上に送った。

次に生まれたのはヒルコ（蛭児《ひるこ》）で、三歳になっても歩けないので、天磐櫲樟船《あまのいわくすぶね》に乗せて、風の吹くままに捨ててしまった。

次に生まれたのが、スサノヲ（素戔嗚尊《すさのおのみこと》）だった。勇ましく残忍な性格だが、常に泣いてばかりいた。このため、国中の人々を早死にさせ、青山を枯らしてしまった。イザナキとイザナミはあきれ果て、スサノヲを根国《ねのくに》（地下の死者や祖霊の国）に追放してしまった。スサノヲは、一目姉にお会いしたいと願い、天上に向かっ

た。ところが、大海原《おおうなばら》は大きく揺れ、山々は鳴動《めいどう》した。これは、スサノヲの荒々しい性格の現れであった。

天照大神は弟の本性を知り、国を奪おうと企《たくら》んでいるのではないかと疑った。そこでスサノヲは、「誓約《うけい》」を提案した。御子《みこ》を産んで、スサノヲの産む子が女子ならば邪心があり、男子ならば邪心がないことの証《あかし》だ、という。

そこで天照大神はスサノヲの十握剣《とつかのつるぎ》を求め、三つに折り天真名井《あまのまない》（天上の神聖な泉）に濯《すす》いで噛《か》み砕くと、吹き捨てた激しい息の狭霧《さぎり》の中から女神が生まれた。それが、田心姫《たごりひめ》・湍津姫《たぎつひめ》・市杵島姫《いちきしまひめ》（宗像三女神《むなかたさんじょしん》）だ。

次に、スサノヲは、天照大神の髻《みずら》・鬘《かずら》（髪飾り）と、腕に巻いた八坂瓊《やさかに》の五百箇《いおつ》御統《みすまる》（大きな玉を連ねた首飾り）を求め、天真名井に濯ぎ、噛み砕いて吹き捨てる息の狭霧から生まれた神は、正哉吾勝勝速日天忍穂耳尊《まさかあかつかちはやひあまのおしほみみのみこと》（天皇家の祖で天津彦彦《あまつひこひこ》火瓊瓊杵尊《ほのににぎのみこと》の父）、天穂日命《あまのほひのみこと》（出雲国造家《こくそうけ》の祖）らだ。

出雲国譲りによって天皇家は生まれた？

こうしてスサノヲの身の潔白は証明され、それぞれの持ち物から生まれた子を引き取ったのだった。

ところが、ここからスサノヲは乱暴狼藉《ろうぜき》を働き、地上界に追放されたのである。

葦原中国に舞い下りたスサノヲは、人身御供《ひとみごくう》にされる奇稲田姫《くしいなだひめ》を八岐大蛇《やまたのおろち》から救い、出雲に住みつく。スサノヲは大己貴神《おおなむちのかみ》（大国主神《おおくにぬしのかみ》、大物主神《おおものぬしのかみ》、葦原色許男《あしはらしこお》）を産み、出雲を去っていく。そして大己貴神が出雲を建国する。スサノヲが出雲建国の種を蒔《ま》き、大己貴神が完成させたということになる。

いっぽう天上界（『古事記《こじき》』には高天原とある）では、タカミムスヒ（高皇産霊尊《たかみむすひのみこと》）が孫のニニギ（天津彦彦火瓊瓊杵尊）を地上界（葦原中国）の支配者にしようと考えた。ニニギは、天照大神の孫でもある。

ところが、地上界には蠅のようにうるさい邪神がいて、草や木の精霊がものを言って不気味だった。そこで、邪神を除くために天穂日命が遣わされた。けれどもこの神は、大己貴神に媚《こ》びて三年たっても復命してこなかった。その後送り込まれた神も出雲に同化してしまった。そこで最後の切り札に送り込まれたのが、経津主《ふつぬしの》神《かみ》と武甕槌神《たけみかづちのかみ》であった。この二柱の神は重要な意味をもっているので、素性については、のちに詳しく触れる。ここでは、話を続けよう。

経津主神らの国譲りの要求に対し大己貴神は「子の事代主神《ことしろぬしのかみ》にまず聞いて下さい」と答えた。すると事代主神は従い、大己貴神も観念して、

「私が抗《あらが》えば、国中の神々が立ち上がるでしょう。しかし、私が恭順すれば、皆従うでしょう」

と語ると、国を平定したときに用いた杖と広矛《ひろほこ》を経津主神らに授けた。

「この矛を用いれば、必ず天下は平安になりましょう。私は百足《もも》ら《た》ず八十隈《やそくまで》（遠い隅。幽界《ゆうかい》）に隠れましょう」

こうして経津主神らは使命を完遂した。『日本書紀』には、「諸《もろもろ》の順《まつろ》はぬ鬼神等《かみたち》を誅《つみな》ひ」とある。

タカミムスヒはニニギを真床追衾《まとこおうふすま》（玉座《ぎょくざ》を覆うフスマ）にくるみ、地上界に降臨させた。ニニギは日向《ひむか》の襲《そ》の高千穂峯《たかちほのたけ》（宮崎県と鹿児島県の県境の高千穂峰と宮崎県西臼杵《にしうすき》郡高千穂町の二説あり）に舞い下りた。これが、いわゆる出雲の国譲りと天孫降臨神話である。このニニギの末裔が神武《じんむ》天皇で、日向から瀬戸内海を東に向かい、ヤマトの初代王に立った。だから、出雲の国譲りによって、王家が誕生したと

いってもも過言ではないのである。

政権交替の大義名分を示したかった『日本書紀』

ここで大きな疑念が生まれる。

『日本書紀』を信じるならば、ニニギの降臨から七世紀にいたるまで、王家の血脈は継承されたことになる。もちろん『日本書紀』は、王家の正統性を証明しようと考えたはずだ。「王家誕生の正当性、正義」を証明するために神話は書かれたにちがいない。

しかし神話の中で、「葦原中国を平定したのは出雲神」と述べている。その土地を天神が脅迫して譲り受けたというのだ。王家の歴史を飾り立てるのが目的で『日本書紀』が編纂《へんさん》されたのだとしたら、「よそさまの土地を無理矢理奪った」という話を用意するだろうか。その弁明が「出雲神はうるさい邪神だから」では、説明になっていない。

不思議なことは、いくつもある。

たとえば、神話の舞台は出雲だが、大己貴神《おおなむちのかみ》が平定していたのは葦原中国であって、これがどうやら日本列島の広い地域を指していたようなのだ。ところが出雲の地で国譲りを強要しておいて、なぜかニニギは葦原中国の端っこだった南部九州に降臨している。なぜ、出雲やヤマトに降臨しなかったのだろう。なぜ、北部九州でもなく、南部九州だったのか……。

さらに奇妙なことに、神武天皇は東征する直前、次のように述べている。

「わが天祖《あまつみおや》がこの西のほとりに降臨されてから、すでに百七十九万二千四百七十余年がたった。しかし、遠く遥かな地では、われわれの徳もおよばず、村々の長《おさ》が境を分かち、互いに争っている。また、塩土老翁《しおつつのおじ》に聞いたところによると（この人物は要注意なので覚えておいてほしい）、東の方角に美しい土地があるという。四方を山に囲まれ、すでに天磐船《あまのいわふね》に乗って舞い下りた者がいるという。私が思うに、その地はかならず大業《あまつひつぎ》を広めるに適したところだろう。国の中心にふさわしい地にちがいない。その舞い下りた者とは、ニギハヤヒ（饒速日命《にぎはやひのみこと》）であろうか。それならば、私がかの地に赴《おもむ》き、都を造ろうではないか」

こう言って東征を始めるのだ。この場面でも、「すでに他の人間が国の中心になる場所を支配していた」と言い、「そこに行って、自分が支配者になろう」と言っている。これは、領土の横取りではあるまいか。しかも、のちに触れるように、ニギハヤヒは神武を受け入れるために、ミウチを裏切っている。王家にとってニギハヤヒは「いいやつ」だったのだ。これでは、「前政権を倒した大義名分」を証明できない。

神話と神武東征は、なぜ謎《なぞ》だらけなのだろう。神武天皇は即位後正妃《せいひ》に出雲神の娘を選んでいる。ここにも、大きな謎が隠されている。「邪神」と蔑《さげす》み、神話の中で敵対していた出雲神と、なぜ婚姻関係を結ばなければならなかったのだろう。いや、なぜそういう設定にしなければならなかったのだろう。

天神が出雲神に媚びたという話

ところで、『古事記』の掲げた出雲神の系譜は、『日本書紀』と同じではない。大己貴神はスサノヲの六世の孫で、スサノヲの娘を娶《めと》ったとある。そうなると、大己貴神はスサノヲの子ではなく、婿《むこ》入りしたのではあるまいか。もちろん、神話の世界の設定なのだから、「そんなことを気にするな」と言われそうだが、出雲神話は素朴な伝承ではないし、単純な創作でもない。政治的な思惑がからんだ歴史改竄《かいざん》のための「工作」ではないかと思えてくるのだ。

『日本書紀』は何かを隠し、何かを誤魔化《ごまか》している。出雲神話の中に無数の謎と矛盾《むじゅん》を見つけることができるのは、そのためだろう。

たとえばスサノヲの場合、「本当はヒルコ（蛭児）と同一なのではないか」「ある時期まで天皇家の祖はスサノヲと考えられていたのではないか」と疑われてもいる。

前述したが、ヒルコは天照大神と月読神の次に生まれた神で、三歳になっても立たなかったので、天磐橡樟船《あまのいわくすぶね》に乗せられ風の吹くまま捨てられた。その直後にスサノヲが生まれている。そしてヒルコはヒルメ（大日孁貴、オオヒルメノムチ）と対《つい》になっているというのだ。

ヒルコ、ヒルメの「ヒ」を「日」の意味と考え、スサノヲこそ、「太陽神＝ヒルコ」だったのではないか、と推理しているのである。

このように、出雲にはいくつもの「深い謎」が隠されているのだ。しかもその謎に『日本書紀』編者の作為を感じるのである。

天穂日命をめぐる謎も解けていない。

すでに述べたように、タカミムスヒは天穂日命を出雲攻略の尖兵《せんぺい》として遣わした。ところが天穂日命は、出雲神にへつらい、同化し、復命してこなかった。天上界（天皇家の祖）の側からすれば、天穂日命は裏切り者だ。ところがその後、出雲の国造《くにのみやつこ》に任命されたのは、天穂日命の末裔だった。責められるべき人がなぜか出雲の地に留《とど》まり、出雲を支配したという話も、不可解だ。

そして、律令制度《りつりょうせいど》が整った八世紀、「国造」そのものが全国から消えてなくなり、郡司《ぐんじ》や国司《こくし》が任命されていったが、出雲国造はなぜか残った。「出雲国造家《いずもこくそうけ》」は、いまだに出雲の地で権威と格式を守りつづけているのである。

古くは、出雲国造は新任されると、一年の潔斎《けつさい》ののち都に赴き、神賀詞《かむよごと》（『出雲国造神賀詞《いずものくにのみやつこのかむよごと》』）を奏上《そうじょう》した。

神賀詞の内容は、『日本書紀』神話と内容が異なる。天穂日命は子どもの天夷鳥命《あめのひなとりのみこと》に経津主神を添えて、荒ぶる神々を成敗し、「国作らしし大神（大己貴神、大国主神）をも媚び鎮めて」と言う。ここでは、天穂日命は出雲に同化したのではなく、子が荒ぶる神を成敗し、また一方で、大己貴神に「媚びた」という、複雑な人間模様を語っている。

このあたりが、謎めくのだ。しかも、天神が出雲神に媚びたという。よく似た話は、『日本書紀』神話の第九段一書《いつしよ》第二に残されている（『日本書紀』神話には、本文のほかに、いくつもの異伝が並記してある）。話は以下のとおり。

天神は葦原中国に経津主神と武甕槌神を遣わした。二柱の神は悪神を成敗し、出雲の地に降り立つと大己貴神に対し、「国を譲り渡す意志はあるか」と問いただした。すると大己貴神は、「納得できない」と抵抗した。経津主神らは天上界に戻り、タカミムスヒに報告すると、勅《みことのり》を経津主神に託した。大己貴神の言い分はもっともだ、という。その上で、次のように告げている。

「汝《なんじ》が統治する現世（顕露之事《あらわなること》）のことは、私の皇孫《すめみま》が治める。汝は神事《しんじ》を治めなさい（神事《かくれたること》を治《し》らすべし）。汝が住むべき天日隅宮《あまのひすみのみや》は、今造ってあげよう。千尋《ちひろ》の栲縄《たくなわ》を用い、柱は高く、板は広く厚くしよう」

そして、この宮を祀《まつ》るのは、天穂日命なのだという。

これが出雲大社の起源説話なのだが、なぜ天神たちは、出雲神に媚び、要求を聞き入れ、妥協策として、天日隅宮を大己貴神のために建てたのだろう。これは、天上界の日の神のための宮であって、大己貴神を天照大神と同等に扱うといっているようなものだ。

歴史時代の天皇は出雲神を敬っている

この話には、まだつづきがあって、さらに謎は深まっていく。

タカミムスヒの提案を受け入れた大己貴神は、岐神《ふなとのかみ》（境界の神。サルタヒコか？）を紹介し、「この神が私にかわって皇孫にお仕えします」と言って去っていった。

経津主神は岐神に先導役を任せ、従わぬ者がいれば斬り殺し、従う者は褒《ほ》め、葦原中国を平定した。このとき、大物主神（大己貴神）と事代主神（どちらも出雲の神）が恭順してきた。そして大物主神は八十万《やそよろず》の神々を引き連れて天上に上ってきた。

これに対しタカミムスヒは、次のように命じた。

「汝がもし国神《くにつかみ》の女性を娶るなら、服従したとはみなせない。私の娘・ミホツヒメを娶り、永遠に皇孫を守り、お仕えするように」

こうして大物主神は地上界に降ろされ、天皇家を守る神になった……。

この『日本書紀』異伝は、本文の出雲の国譲りと内容が異なる。むしろ『出雲国造神賀詞』に近い。これは、どうしたことだろう。第一、タカミムスヒは恭順してきた大物主神を懐柔《かいじゅう》しようとしている。

それだけではない。この異伝は、新たな謎を生む。大物主神は最初から天皇家を守る神ではなかったからだ。

話は第十代崇神《すじん》天皇の時代に飛ぶ。

ちなみに、通説は崇神天皇を実在の初代王とみなす。その理由は、神武天皇と崇神天皇の二人だけが「ハックニシラス天皇」と称賛されていること。『日本書紀』は王家の歴史を古く見せかけるために、初代王を二人に分解してしまったのだろうと推理した。神武天皇の記事は中巻が抜け落ちているが、崇神天皇はその逆で、前半と後半が空白だ。そこで、ふたつの記事を足すと、ちょうど一人の人物伝になると指摘されている。

筆者の考えは、少し違う。神武と崇神は同時代人であって、同一人物ではないだろう。理由は、徐々に述べていく。いずれにせよ、ここでは、ヤマト黎明期《れいめいき》の王が崇神天皇だったことだけを覚えておいてほしい。

さて、崇神五年、国内に疫病《えきびょう》が蔓延《まんえん》し、過半数の人が亡くなった。翌年になると、百姓《おおみたから》は土地を手放し放浪し、不穏な空気が流れはじめた。崇神七年、占ってみると、大物主神の仕業《しわざ》とわかった。そこで崇神天皇は、大物主神の言いつけどおり、大物主神の子の大田田根子《おおたたねこ》を捜しだし、大物主神を祀らせた。すると、ようやく世の中は落ちついたという。

大物主神は天皇家の守り神という先の話と、明らかに矛盾する。神武天皇は出雲神の娘を娶り、崇神天皇は出雲神の祟《たた》りに怯《おび》えた。神話の世界を支配した出雲神なのに、なぜ歴史時代の天皇は、出雲神を敬《うやま》い、恐れつづけたのだろう。

出雲がそこにあった物的証拠

出雲神をめぐる『日本書紀』の記事には、まったく整合性がない。どの説話を信じてよいのか、さっぱりわからないのだ。この混乱をどう考えればよいのだろう。

かつて史学界は、出雲神話を「作り話」「絵空事」とみなしていた。その理由はふたつあったように思う。ひとつは、現代の山陰地方が「裏日本」であること、そしてもうひとつは、山陰地方から神話に見合うような考古学上の発見がなかったことだ。

ところが、昭和五十八年（一九八三）に荒神谷《こうじんだに》遺跡（島根県出雲市斐川町《ひかわちょう》）が、平成八年（一九九六）に加茂岩倉《かもいわくら》遺跡（島根県雲南市《うんなんし》加茂町）が発見されて、出雲に対する見方は大きく変わってきた。ふたつの遺跡はそれまでの常識を覆《くつがえ》すほどの衝撃を史学界に与えた。青銅器《せいどうき》の数は、想像を絶していたのだ。さらに鳥取県でも、青谷上寺地《あおやかみじち》遺跡（鳥取市青谷町）や妻木晩田《むきばんだ》遺跡（西伯郡《さいはくぐん》）が見つかり、弥生《やよい》時代後期（ヤマト建国の前）の山陰地方に、けっして侮《あなど》ることのできない勢力が存在していたことがわかってきた。

西日本各地で青銅器祭祀《さいし》が盛行《せいこう》する中、巨大な墳丘墓《ふんきゅうぼ》（四隅突出型墳丘墓《よすみとつしゅつがた》）を造営していったのも、出雲の特色だった。この時期、朝鮮半島の鉄器が山陰地方に大量に流入し、富を蓄えた強い首長《しゅちょう》（王）が誕生していたと考えられている。「朝鮮半島→北部九州→山陰」というルートだけではなく、朝鮮半島から山陰に、直接鉄器が流入していた可能性が高い。そして、それぞれの地域、集落ごとに行なわれ

西谷墳墓群の四隅突出型墳丘墓（出雲市）

銅鐸など大量の青銅器が発掘された加茂岩倉遺跡（雲南市）

ていた青銅器祭祀を「強い王」がやめさせ、四隅突出型墳丘墓の造営を始めていたと思われる。

また、日本列島から鉄を求めて多くの倭人《わじん》が朝鮮半島に渡っていたことは、中国の史料にも記録されている。四隅突出型墳丘墓は、出雲を中心とした山陰地方だけではなく、北陸にも伝播《でんぱ》していった。

ちなみに鉄器は朝鮮半島からの「お恵み」ではなく、何かしらの交易が行なわれていたはずだ。「魏志倭人伝《ぎしわじんでん》」(『三国志』)には、対馬《つしま》(長崎県対馬市)の人びとが、「南北市糴《なんぼくしてき》(海を渡って交易)をしていた」と記されている。ただし、日本から何を持ち込んで鉄器に換えていたのか、定かではない。筆者は、「塩も交易していたのではないか」と考えているが、確証があって言っているのではない。塩や炭など、必要不可欠だが、消えてなくなる物が交易品だったのではないかと疑っている。もちろん、干物《ひもの》なども、持ち込んだのだろう。

それはともかく、弥生時代後期中葉《ちゅうよう》以降、西谷墳墓群《にしだにふんぼぐん》(島根県出雲市)に四十メートルを超える巨大な四隅突出型墳丘墓が造営されていく。吉備《きび》の特殊壺形土器《とくしゅつぼがたどき》や北陸地方の土器が供献《きょうけん》され、こののち出雲の土器は、瀬戸内海側に広まっていく。

どうやらこの時期、吉備も出雲に圧倒されていたようで、「吉備の独自の土器」は、前方後円墳《ぜんぽうこうえんふん》の原型ではないかと疑われている楯築墳丘墓《たてつき》（岡山県倉敷市）の周辺で見つかる程度だ。想像以上に、弥生時代後期の出雲の影響力は、強かったのだ。

出雲はヤマト建国に関わっていく

それだけではない。ヤマト建国の様子がはっきりとしてくると、興味深い事実が浮かび上がってきた。ヤマト建国に、出雲の地域が関わっていたようなのだ。

三世紀のヤマト盆地の南東、三輪山麓《みわさんろく》の扇状地《せんじょうち》に、突如、都市が出現している。これが纏向《まきむく》遺跡で、政治と宗教に特化された前代未聞の「都にふさわしい集落」であった。

纏向の特徴は、外来系の土器（他地域から持ち込まれた土器）が多いことだ。具体的には、関東、東海、近江《おうみ》、北陸、山陰、河内《かわち》、紀伊《きい》、吉備、播磨《はりま》、西部瀬戸内海の地域だ。意外にも、九州の土器はほとんど見つかっていない。

そして、纏向で誕生したのが前方後円墳で、原型は吉備に生まれ、これに西日本各地の埋葬文化が混淆《こんこう》されて誕生したと考えられている。出雲の四隅突出型墳丘墓の貼石《はりいし》が前方後円墳の葺石《ふきいし》となったのではないか、という指摘がある。つまり、ヤマト建国に出雲（山陰）がからんでいたことがはっきりとしてきたのだ。

それだけではない。ヤマト建国後の出雲の様子が奇妙なのだ。各地で前方後円墳が採用され、「埋葬文化を共有するゆるやかな連合体」が生まれていく中、なぜか出雲は、前方後円墳を造っていないのだ。かといって弥生時代後期の四隅突出型墳丘墓を造営することもなくなった。巨大な環濠集落《かんごうしゅうらく》も姿を消し、衰退したのではないかと疑われている。環濠は埋められてしまい、卜部吉博《うらべよしひろ》は「徹底的に制圧されてしまっている」（『出雲考古学と「出雲国風土記」』古代出雲王国の里推進協議会編　学生社）と指摘している。その後、出雲の地に前方後円墳の造営が「許される」のは、四世紀後半までずれこむ。それも全長五十二メートルの小振りな代物《しろもの》だ（大寺《おおてら》一号墳。出雲市大林木町）。出雲でもっとも大きな前方後円墳が造営されるのは、古墳時代後期（六世紀後半）に至ってからだ。あまりにも長い停滞である。

ここに、本当の出雲の謎が隠されていたのである。出雲の国譲りとよく似た事件が起きていた可能性も出てきた。いや、出雲は徹底的に、やられていたのだ。これはまさに、国譲りではないか……。

八世紀の朝廷はヤマト建国の詳細を知っていた

ついでまでに言っておくと、『日本書紀』はヤマト建国の歴史を熟知していた可能性が高い。知っていたからこそ、真相を抹殺してしまったのではないかと思えてくる。

一般に六世紀以前の『日本書紀』の記事はあいまいで矛盾が多く、信用できないとされている。八世紀の段階で、古い史料は残っていなかったというわけだ。

しかし、ヤマト建国の考古学が進展してきたことによって、『日本書紀』の記事と符合《ふごう》する点が、いくつか見られるようになったのだ。

たとえば、「複数の神や人間がヤマトにやってきて、ヤマトは建国された」と、『日本書紀』は記す。

まず最初にヤマトにやってきたのは出雲の大物主神で、出雲の国譲りの直前、「ヤマトに住みたい」と要求し、御諸山《みもろやま》（三輪山）に祀られるようになった。ここがちょうど纏向遺跡のお膝元《ひざもと》なのだから、神話を無視することはできない。

　このあと、ニギハヤヒが天磐船に乗ってヤマトに舞い下り、「ヤマト」の地名を生んだ。ニギハヤヒは先住の長髄彦《ながすねびこ》の妹を娶り、ヤマトに君臨した。生まれた子は可美真手命《うましまでのみこと》（宇摩志麻遅命《うましまぢのみこと》）という。神武天皇がヤマトに向かったのはこのあとで、また、次章で触れるように、神武天皇のヤマト入りは「強い王の征服戦」ではなく、ニギハヤヒが迎えいれたのだった。

　考古学が明らかにした「ヤマトに多くの人々が集まって、力をあわせて成立していた」という事実を、『日本書紀』はある程度認めていたことになる。

　第十代崇神天皇がヤマト黎明期の王だったことはすでに述べたが、崇神天皇は各地に将軍を派遣している。これが四道将軍《しどうしょうぐん》だ。二人の将軍は、太平洋側と日本海側から東に、そして北に向かったが、福島県会津若松市付近で落ちあった。これが「あいづ（相津《あいづ》）」の地名のおこりなのだが、四世紀の前方後円墳の北限が、まさにこのあたりなのだ。すなわち、ヤマト建国当初の連合体の範囲を、八世紀の『日本書紀』編者はわかっていたのである。

　やはり、『日本書紀』は、知っていたのに、正確には記さず、都合の悪いことを神話の世界に押し込めてしまったのだろう。問題は、歴史を抹殺する動機だが、これについては徐々に述べていく。

東は西にこき使われていたのか

考古学が突きつけた物証は、これまでの歴史観を大きく塗り替えた。弥生時代後期の出雲に、巨大な勢力が存在したことは間違いない。けれどもその一方で、出雲の謎が解けたかというと、そんなことはない。

たとえば、出雲神話をどう考えればよいのだろう。『日本書紀』は、出雲神話を大きく取りあげたが、だからといって、出雲の国譲りと王家の正統性をはっきりと証明しているわけではない。いくつもの異伝を用意し、「本当の歴史はわからない」と言いたげではないか。このあたりが、謎めくのだ。

そしてもうひとつ、興味深い事実がある。それは、『日本書紀』が意図的に隠蔽《いんぺい》してしまった地域があったことだ。それが、東海地方の「尾張《おわり》」である。

三世紀の纏向に集まった土器は、近江と東海のものだけで、過半数を超えていた。ところが通説は、「数が多いから影響力が大きかったわけではない」と、無視する。「東の人間は労働力として狩り出された」と言うのである。

なぜこのような発想が生まれるのかというと、「古代史は西を中心に回っていた」という常識から抜け出せないからだ。

しかし、最新の考古学は、新たな歴史観を生み出そうとしている。前方後円墳とほぼ同時に、近江と東海で、前方後方墳《ぜんぽうこうほうふん》が誕生していたのだ。前も後ろも四角い墳墓だ。しかも、前方後円墳が各地に広まる以前に、各地に前方後方墳のネットワークが構築されつつあったこともわかってきた。

そして、近江にはヤマト建国直前に伊勢《いせ》遺跡（滋賀県守山市《もりやまし》）という弥生時代後期を代表する大集落が出現していたこと、日本海のタニハ（丹波《たんば》、丹後《たんご》、但馬《たじま》の一帯）が近江と東海に先進の文物を供給し、急激な発展を促していたこともわかってきた（このタニハの動きは重要なポイントになってくるので、覚えておいてほしい）。だから、「ヤマト建国時、東の人間は西の人間にこき使われていた」というこれまでの常識は、通用しなくなってきたのだ。

ところが、ここが不思議なのだが、『日本書紀』のヤマト建国の場面で、「東からやってきた人々の活躍」が記録されていない。これに対し、西日本出身者の記録ははっきりとしている。大物主神は出雲からヤマトにやってきた。のちに触れるように、ニギハヤヒは空から舞い下りたが、実際には吉備からやってきた。そして、神武天皇は九州から移動してきた。

問題は、東海の「尾張」で、なぜか、七世紀の活躍についても、歴史からバッサリ削られているのだ。壬申《じんしん》の乱《らん》（六七二年）で大活躍したのに、正史から抹殺されている。大海人皇子《おおあまのみこ》（のちの天武《てんむ》天皇）が数人の舎人《とねり》（下級役人）とともに命からがら東国に逃れたとき、尾張氏は軍資金を用意して迎えいれた。勝ち目のない大海人皇子に手をさしのべた尾張氏は、壬申の乱の最大の功労者であり、大海人皇子の奇跡的勝利の演出者であった。ところが、この事実が『日本書紀』からすっぽり抜け落ちている。『日本書紀』はよほど「尾張」が邪魔だったと見える。

なぜ「消された東」の話をしたかというと、『日本書紀』編者が、多くの歴史を「知っていたのに隠してしまった」可能性が高いこと、『日本書紀』が歴史隠蔽をくり返していたから六世紀以前の『日本書紀』の記事から歴史は再現できないのであって、その裏側に隠された真相を、考古学や他の文書を活用して再現する必要があると、気付いてほしいのだ。その証拠のひとつが「消された東」なのである。そしてもちろん、出雲の謎も、「『日本書紀』は知っていたのに、知らぬふりをした」と考えれば、解けてくるのではないか……。

出雲は王家の輔弼《ほひつ》装置なのか？

出雲に関して、興味深い仮説がある。

古代の王権に世俗王で祭祀王という二重性があったとする新谷尚紀《しんたにたかのり》は、このような二重性に出雲神話を使って宗教王という強調が特別に追加されているという。すなわち、七世紀後半の天武持統《じとう》朝（持統が夫・天武の崩御《ほうぎよ》を受けて即位している）が、「出雲は大和《やまと》王権の守り神である、と位置づけていた」と言い、「大和王権を支えるその第三の力」が出雲神だったと言うのである（千家和比古《せんげよしひこ》・松本岩雄《まつもといわお》編『日本の神祭りの源流　出雲大社』柊風舎）。

たとえば『日本書紀』の神話や説話の中で、出雲神は王家の守り神になることを誓っている。

出雲大社（出雲市）

　さらに、天皇家の伊勢《いせ》神宮、出雲神の出雲大社（杵築大社《きづきのおおやしろ》）には対称性があるという。東の伊勢と西の出雲、日の出と日没、祀る世界が現実界と幽冥界《ゆうめい》、祭主《さいしゅ》が斎宮《いつきみや》（皇女《ひめみこ》）と出雲国造など、二極構造を基本軸としていると指摘する。
　このように述べた上で、新谷尚紀は、大和王権は通常の律令王権ではなく、出雲という「外部」の特別な「輔弼装置」を備えた「超越神聖王権」だったと結論づけるのである。
　なるほど、もっともなことだ。しかし、ここで改めて問い直したいのは、考古学が示したヤマト建国前後の「出雲の存在感」だけであり、出雲を「神話の世界の発想」だけで片づけてしまってよいのか、ということだ。出雲はヤマト建国に一枚嚙んでいたのに、突然衰退している。この「事実」をどう説明すればよいのだろう。天武持統朝の観念上の「超越神聖王権」構築のために「出雲神話」や儀礼や祭祀が生まれたのではなく、もっと具体的な事件が出雲とヤマト王権の間に起きていて、ドロドロとした葛藤《かっとう》が隠されていたのではないか、と思えてならないのである。

それだけではない。ヤマトの王権は二面性をもっていると簡単に括《くく》られてしまっているが、少なくともヤマト建国時の王は実権をもたず、祭祀に専念する王だったのではあるまいか。

その証拠にヤマトの王（大王、天皇）は、城に住まなかった。力で周囲を圧倒し、権力を行使する王は、かならず武力で倒される。だから当然、城壁に囲まれた安全な場所に住んだはずなのだ。

なぜヤマトの王は防衛本能が欠如していたのだろう。それは、日本の権力構造の特殊性と大いに関わりがあるのではなかろうか。ヤマトの王は二面性があったのではなく、実権を握っていたのは取り巻きの首長や豪族たちで、王は「旗印」「祭司（祭祀）王」にすぎなかったと思われる。真に富んだ者、真の実力者が王に女人《にょにん》を差しだし、その女人が産んだ子が王位を継承していく……。そして王のミウチが世俗の権力を握り、しかも「独裁的」にはならず「合議」を尊重するというのが日本的な権力構造であり、この伝統はヤマト建国以来延々と継承されてきたように思えてならないのである。

もちろん、長い歴史の中で、独裁権力を握る者は何度か現れた。しかし、織田信長《おだのぶなが》がそうであったように、強すぎる権力者は潰《つぶ》されていったのである。

なぜこのような伝統が構築されたかといえば、日本人が「多神教的信仰、発想」を守りつづけたからだろう。

だから、出雲神話と出雲の信仰を、「ヤマトの王権の二面性」という単純な括り方だけで解こうとは思わない。

出雲の国譲りも、かならず、もっと具体的な事件として再現できるはずだ。出雲の謎には、『日本書紀』によって隠されてしまった真実がある。ヤマト建国の直後に衰退していたという物証が出ている以上、「出雲の悲劇」が起きていたことは間違いないはずで、ならば、何がどうなれば出雲神話が出来上がり、しかも、ヤマトの王家は出雲を無視できず、祟りに怯え、しかもそののち、出雲の神々はヤマトの王を許し、守り神になったのか、その具体的な道筋を再現しなければならないのである。

出雲は、古代史最大の謎なのだ。そして、解き明かすヒントは、次章の神武東征という事件の中に、秘められていたのである。

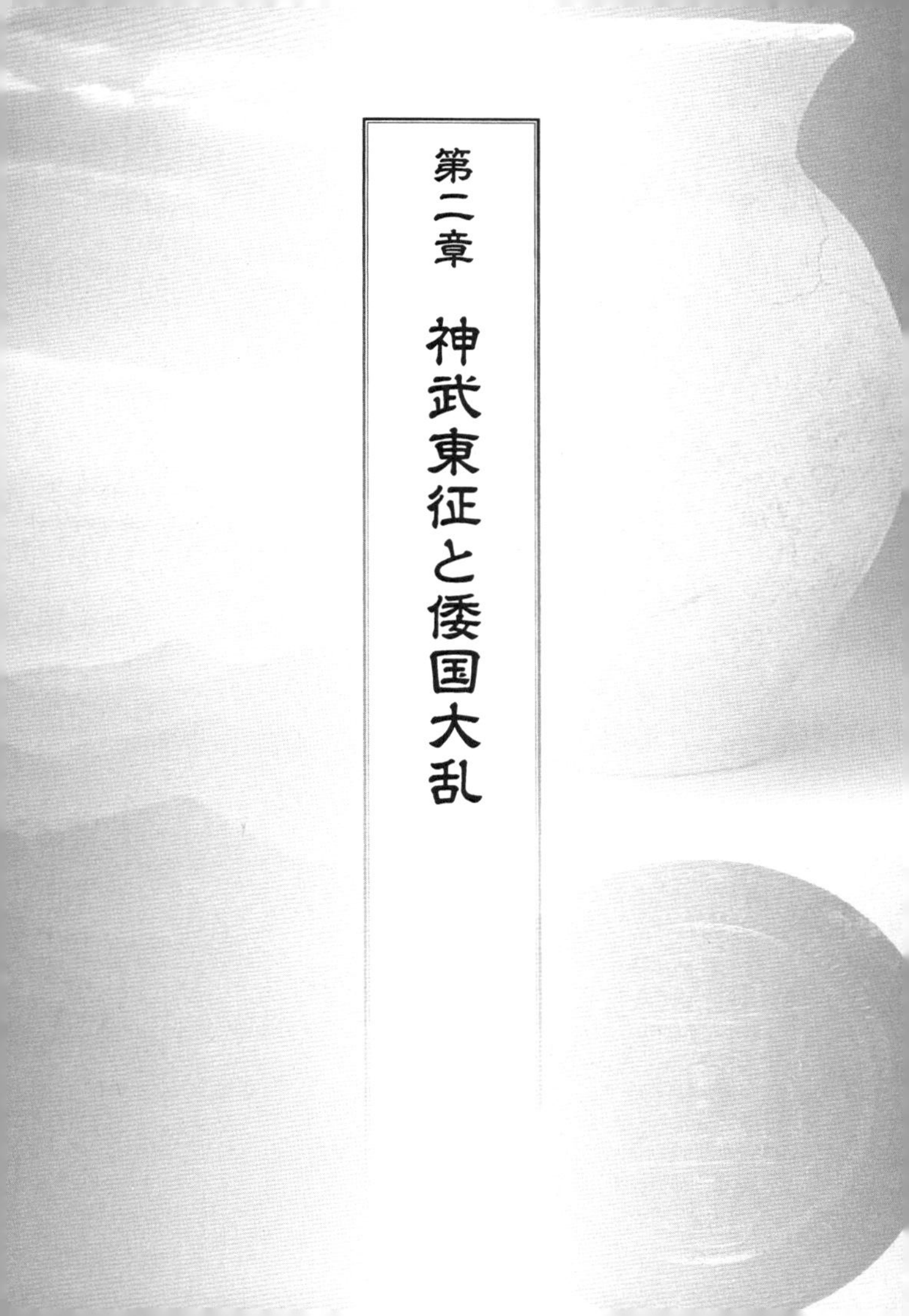

第二章　神武東征と倭国大乱

神武東征と邪馬台国論争

神武《じんむ》天皇は神話と歴史の境界線上に立っている。

神武天皇の祖父は「海幸山幸神話《うみさちやまさち》」の山幸彦《やまさちひこ》（彦火火出見尊《ひこほほでみのみこと》）だ。山幸彦はひょんなきっかけで海神《わたつみ》の宮で三年間過ごし、海神の娘・豊玉姫《とよたまひめ》と結ばれ、彦波瀲武鸕鷀草葺不合尊《ひこなぎさたけうがやふきあえずのみこと》を産んでいる。この神が、神武天皇の父で、神武天皇の祖母と母（玉依姫《たまよりひめ》）は、どちらも海神の娘である。

だから神武東征とは、神話の世界から現実世界に移ったことを意味しているのであって、またヤマト建国を「『日本書紀』の方法で表現した」と、捉えることが可能だ。ここから、日本の歴史は始まるのである。

一方で考古学は、ヤマト建国直前の日本列島の様子を、だいぶ詳しく解き明かそうとしている。中国の歴史書に記録された、倭国大乱《わこくたいらん》の時代の様子や三世紀の纏向《まきむく》の出現である。またほぼ同時代に、日本列島のどこかに、邪馬台国《やまたいこく》があったと「魏志倭人伝《ぎしわじんでん》」は記録している。纏向の時代に卑弥呼《ひみこ》と宗女《そうじょ》の台与《とよ》（壱与《いよ》）が活躍していたのは間違いないから、ここで文献と考古学の接点が見えてきた。ヤマト建国と邪馬台国をめぐる謎解きは、新たな段階に入ったといえる。

もし仮に、神武東征を纏向遺跡が出現した三世紀初頭とすれば、卑弥呼の時代の事件だったことになる。ただし、「魏志倭人伝」に、神武東征を匂わす記事はない。するど、卑弥呼も台与もいなくなった四世紀に、神武天皇は九州からヤマトにやってきたのだろうか。

つまり、神武東征を考えるには、弥生時代後期の日本列島の動きと、邪馬台国をからめて考えなければならない。神武東征が事実なのか創作なのかもわからないのだから、これは非常に複雑な問題だということは、おわかりいただけると思う。

古くから邪馬台国論争に神武東征は組み込まれていた。北部九州論者は、『日本書紀』の言う「日向《ひむか》」は北部九州のことで、邪馬台国の勢力が東に移動した歴史的事実が神武東征説話になったと主張している。神武東征とは邪馬台国東遷のことだというのである。

この考えは、邪馬台国北部九州論が優勢だったときは、最有力の仮説だった。しかし、纏向遺跡の発掘が進み、卑弥呼の亡くなった三世紀半ばに、纏向で箸墓《はしはか》（箸《はし》中山古墳《なかやまこふん》）が造営されていた可能性も出てきて、畿内説が優勢になってくると、「神武東征＝邪馬台国東遷」は不利になってきた。纏向遺跡に九州の土器がほとんど入っていないことも、気になる。そしてそうなると、いよいよもって、神武東征とはいったいどのような事件だったのか、謎めいてくるのである。

『日本書紀』に記された神武東征の物語

まず、『日本書紀』に描かれた神武東征説話の概略を、追っておこう。勇ましい征服戦のイメージが強いが、実際の神武天皇は、意外に弱かったのである。

神武紀元前七年冬十月五日、神武天皇四十五歳のとき、日向から軍団を率いて、ヤマトを目指した。吉備《きび》の地で三年逗留《とうりゅう》したのち、神武紀元前三年の春、難波碕《なにわのみさき》（大阪市中央区）に上陸。淀川を遡《さかのぼ》り、河内国草香邑《かわちのくにくさかのむら》（東大阪市日下町《くさかちょう》）に至り、龍田《たつた》（奈良県北葛城郡王寺町《きたかつらぎぐんおうじちょう》）に向かおうとしたが、道が狭く険しく、隊列を作れず危険なため、胆駒山《いこまやま》（生駒山。大阪府と奈良県の境）を越える策をとった。これを聞きつけた長髄彦《ながすねびこ》は、天神《あまつかみ》の御子《みこ》（神武）が、ヤマトを奪おうとしていると感じた。

箸墓古墳(桜井市)

兵を率いて孔舎衛坂《くさえのさか》に向かえ撃ち、神武の一行を圧倒した。神武の長兄五瀬命《いつせのみこと》が負傷し、神武は、日神の子孫が日(東)に向かって攻めたのが天の道に反していたことを悟り、いったん退却してわざと弱いように見せかけて、天神地祇《てんじんちぎ》を祀《まつ》り、太陽を背に敵を攻めようと考えた。そこで、紀伊半島を大きく迂回《うかい》し、熊野からヤマト入りを目指したのだった。

ところが、途中で五瀬命は亡くなり、さらに六月、狭野《さの》(和歌山県新宮市佐野)から熊野の神邑《みわのむら》(新宮市新宮)に至ったとき、嵐に見舞われた。神武の兄・稲飯命《いないのみこと》は、「われらの祖は天神で、母は海神《わたつみ》であるのに、なぜ陸と海で苦難を与えるのだろう」

と嘆き、もう一人の兄・三毛入野命《みけいりののみこと》とともに、人身御供《ひとみごくう》となって海に沈んだ。

ようやくの思いで熊野の荒坂津《あらさかのつ》（三重県北牟婁《むろ》郡錦村か）にたどり着いた一行だが、神の毒気《どくけ》に当たり、みな動けなくなってしまった。すると熊野の高倉下《たかくらじ》なる者の夢枕に、天照大神《あまてらすおおみかみ》が現れ、武甕雷神《たけみかづちのかみ》（武甕槌神《たけみかづちのかみ》）に次のように命じた。

「葦原中国《あしはらのなかつくに》はまだ騒々しいから、平らげてきなさい」

武甕雷神は、韴霊《ふつのみたま》（剣）を下せば大丈夫だと考えた。そして、高倉下の蔵に置き、天孫《あめみま》（神武）に献上するよう告げたのだった。翌朝夢から覚めた高倉下は、蔵の床に刺さった剣を見つける。こうして神武のもとに駆けつけると、一行は精気を取り戻したのだった。

とはいっても、熊野からヤマトに抜ける道は秘境中の秘境で、案《あん》の定《じょう》道に迷った。すると神武の夢枕に天照大神が現れ、八咫烏《やたからす》を遣わし道案内させると告げた。はたして、目が覚めると、八咫烏がやってきた。『新撰姓氏録《しんせんしょうじろく》』によれば、鴨《かも》（賀《か》茂《も》）県主《あがたぬし》の祖だという。

神武東征と天香具山

こうして神武天皇は、吉野（奈良県吉野郡）と菟田《うだ》（奈良県宇陀《うだ》市）にいたる。ここから、神武のヤマト入りを阻止しようと目論《もくろ》む賊との戦いが始まる。賊退治の話はパターン化されていて、兄弟の兄は武闘派でずる賢く神武のヤマト入りに抵抗し、弟（妹）は祭政《さいせい》に携《たずさ》わる者で王家に忠義をつくすという構図だ。弟が神武に味方し、兄を懲《こ》らしめるのである。

神武天皇は九月五日、菟田の高倉山（奈良県宇陀市大宇陀区守道《おおうだくもち》）であたりを見渡した。すると、国見丘《くにみのおか》（宇陀市と桜井市の堺の経《きょう》ヶ塚山《つかやま》か）の上に八十《やそ》梟師《たける》が立っていた。周囲に軍団が満ち、要害の地はふさがれていた。神武はこれを憎み、この夜、祈誓《うけい》を（神意をうかがう占い。この場合、夢占いになる）立てて寝た。すると、夢の中に天神（天上界の神）が現れて、次のように教えた。

「天香山《あまのかぐやま》（天香具山。奈良県橿原市）の社の中の土を取って天平瓮《あまのひらか》（平らな土器）八十枚と厳瓮《いつへ》（甕）を造り、天神地祇を祀って厳呪詛《いつのかしり》を行なえ（呪いをかけろ）そうすれば、敵は自ずから平伏するであろう」

そこで神武は、神の言いつけどおりに行動した。天香具山の土を取り、神を祀ると、戦いに勝つと信じることができた。こうして、賊を破った神武は十二月、最後の最後に長髄彦と対峙《たいじ》する。

長髄彦は手強く、幾度も攻めたが破ることはできなかった。すると突然氷雨が降り、金色のトビが飛んできた。神武の弓の上にとまり、光り輝くこと雷のようだった。長髄彦の軍勢はこれを見てひるんだ。そこで神武は、兵を放ち、攻めさせた。神武は兄の恨みを晴らすため、長髄彦を殺そうと心に誓っていたのだ。

すると長髄彦が使者を送り込んできた。

「昔、天神の御子がいらっしゃいました。天磐船《あまのいわふね》に乗って天より降りてまいりました。名付けて櫛玉饒速日命《くしたまにぎはやひのみこと》と申します。わが妹の三炊屋媛《みかしきやひめ》を娶《めと》り（七世紀の推《すい》古《こ》天皇の諡号《しごう》が豊御食炊屋姫《とよみけかしきやひめ》なのは、偶然ではあるまい。この話は、のちに改める）、子ができました。可美真手命《うましまでのみこと》と申します。わたしはニギハヤヒを君として仕えてきたのです。いったい天神は二人いるのでしょうか。あなたは天神の子を名乗り、人の土地をだまし取ろうとしているのではありませんか」

月岡芳年『大日本名将鑑』に描かれた神武天皇（静岡県立中央図書館蔵）

そこで神武は、天神の子である証拠を見せた。長髄彦はそれを見て、かしこまったが、改心はしなかった。すでに戦いの準備はできていて、勢いを削ぐことはできなかったのだ。

ここでニギハヤヒは、長髄彦を殺して帰順してきた。長髄彦の性格がねじれ、人の言うことを聞かないこともわかっていた。天神と人とは全く違うのだということを教えてもわからないと判断したのだった。

神武はニギハヤヒが天から舞い降りてきたことを信じ、忠誠を誓ってきたので寵愛《ちようあい》した。ニギハヤヒは、古代最大の豪族・物部《もののべ》氏の祖である。

神武東征の今日的謎

神武東征の「今日的謎」は、「九州はヤマト建国の主役ではなかった」のに、「なぜ神武東征説話が生まれたのか」にある。「もはや強い九州が東に移ってヤマトを建国したという、かつての常識は通用しなくなってきている」のだ。「ヤマト建国の考古学（纒向誕生）」は、「九州の影響力は限定的」と言っている。とすると、神武東征とはいったい何だったのか、あらためて考え直す必要が出てくる。これは、神話だったのか、架空のお伽話《とぎばなし》だったのか、という根本的な問題が浮上してくるのである。

そこでまず、「ヤマト建国」について、考えてみたい。

あまり指摘されてこなかったが、「ヤマト建国の奇蹟」は、それまでの戦乱状態が収拾されたことにあった。中国の歴史書も、弥生《やよい》時代後期の日本を「乱」「大乱」の文字を使って言い表している。いわゆる「倭国大乱」である。

「魏志倭人伝」に有名な一節がある。卑弥呼が共立される直前の倭国の周辺は、七、八十年間「乱れていた」とある。「相攻伐《あいこうばつ》すること歴年《れきねん》」だと言う。『後漢書《ごかんじょ》』には、「桓霊《かんれい》の間（一四六～一八九）」とある。さらに『梁書《りょうしょ》』や『北《ほく》史《し》』は、「漢霊帝《かんれいてい》の光和《こうわ》中（一七八～一八四）」とあり、二世紀の後半に倭国が争乱状態になっていたと記録している。考古学的には、弥生時代にふたつの緊張した時代が確認できていて、西日本各地に、生活するには不便な高地に無数の集落が造られている。これが「高地性集落」で、二世紀は「第二次高地性集落の時代」だった。

この戦乱状態は、日本列島だけの問題ではなく、東アジア情勢と密接に関わっていたようだ。異常気象や飢餓《きが》によって黄巾《こうきん》の乱（一八四年）が起こり、後漢《ごかん》社会は大混乱に陥《おちい》っている。こののち魏《ぎ》・呉《ご》・蜀《しょく》の三国が鼎立《ていりつ》する『三国志』の時代がやってきて、さらに混乱に拍車をかけるのだった。人口は激減し、中国文明はいったんここで滅びたといっても過言ではない。

後漢を後ろ盾に他地域を睥睨《へいげい》してきた北部九州の勢いは、急速に衰え、勢力図の再編が行なわれようとしていたのだ。

ところで、日本列島で戦争が始まったのは、弥生時代の始まりまで遡る。稲作文化の流入によって、日本列島に本格的な戦争の時代が到来する。渡来人による征服戦ではなく、近隣同士で争っていたのである。

人類はなぜ戦争を始めたのかといえば、それは農業を選択したからではないか、とする説がある（コリン・タッジ著、竹内久美子訳『農業は人類の原罪である　シリーズ「進化論の現在」』新潮社）。農業によって計画的な食料生産が可能となり、人口爆発を起こした人類は、農地と水資源を求めて戦闘的になっていったというのだ。そのとおりだろう。

かつて、「狩猟民族は好戦的、稲作民族は平和主義」と信じられていたが、この常識も怪しくなってきた。実際、狩猟採集の縄文人たちは、お互いの縄張りを守り、必要以上の獲物を捕らなかったから、人口もさほど増えず、組織的な戦闘をくりひろげることはなかった（戦争の物証があがっていない）。ところが弥生時代に入ると、殺傷痕《さっしょうこん》や鏃《やじり》の刺さったままの遺骨が増えていくのだ。弥生時代は稲作を選択した時代であるとともに、戦争が始まった時代でもあった。特に西日本はいくつかのブロックに分かれて、覇《は》を競っていた。青銅器《せいどうき》の文化圏や土器の様式の差から、いくつかのグループが存在していたことがわかっている。

ところが、三世紀から四世紀にかけてヤマトが建国されると、それまでの争乱がウソのように、平和な時代がやってくる。高地性集落は姿を消し、各地の環濠集落《かんごうしゅうらく》もなくなる。「環濠」とは要するに城の堀のように外敵を敷地に入れない工夫であって、これがなくなったという現象そのものが、大きな意味をもっている。反面、前方後円墳《ぜんぽうこうえんふん》の周囲に周濠《しゅうごう》をめぐらしていくようになるのは、興味深い現象である。

つまり、『日本書紀』の主張どおり神武東征がヤマト建国をもたらした事件である。

ったとすれば、それは「戦乱の時代を終わらせるための最後の戦い」だったことになる。

ならばなぜ、神武は九州からやってきたのか、なぜ神武がヤマトに入って、戦乱の時代に終止符が打たれたのだろう。

弥生時代後期の混乱を解き明かす仮説

弥生時代後期の混乱とヤマト建国の真相を明らかにすることは可能だろうか。近藤喬一《こんどうたかいち》の次のような仮説がある。朝鮮半島にもっとも近い北部九州が、地の利を活かし、鉄器を独占的に入手していたが、ヤマトの伸張を恐れ、鉄の流通をコントロールした、という（松本清張《まつもとせいちょう》編『古代出雲王権は存在したか』山陰中央新報社）。具体的には、関門海峡を封鎖して、瀬戸内海に流通する鉄器を制限し、さらに、出雲と手を組み、日本海からヤマトに鉄が流れるのを制限したというのだ。

関門海峡の幅は、最も狭いところ（早鞆《はやとも》ノ瀬戸《せと》）で七百メートル。まるで川のような海峡だから、交通を制禦《せいぎょ》することは可能だったろう。そして事実、弥生時代後

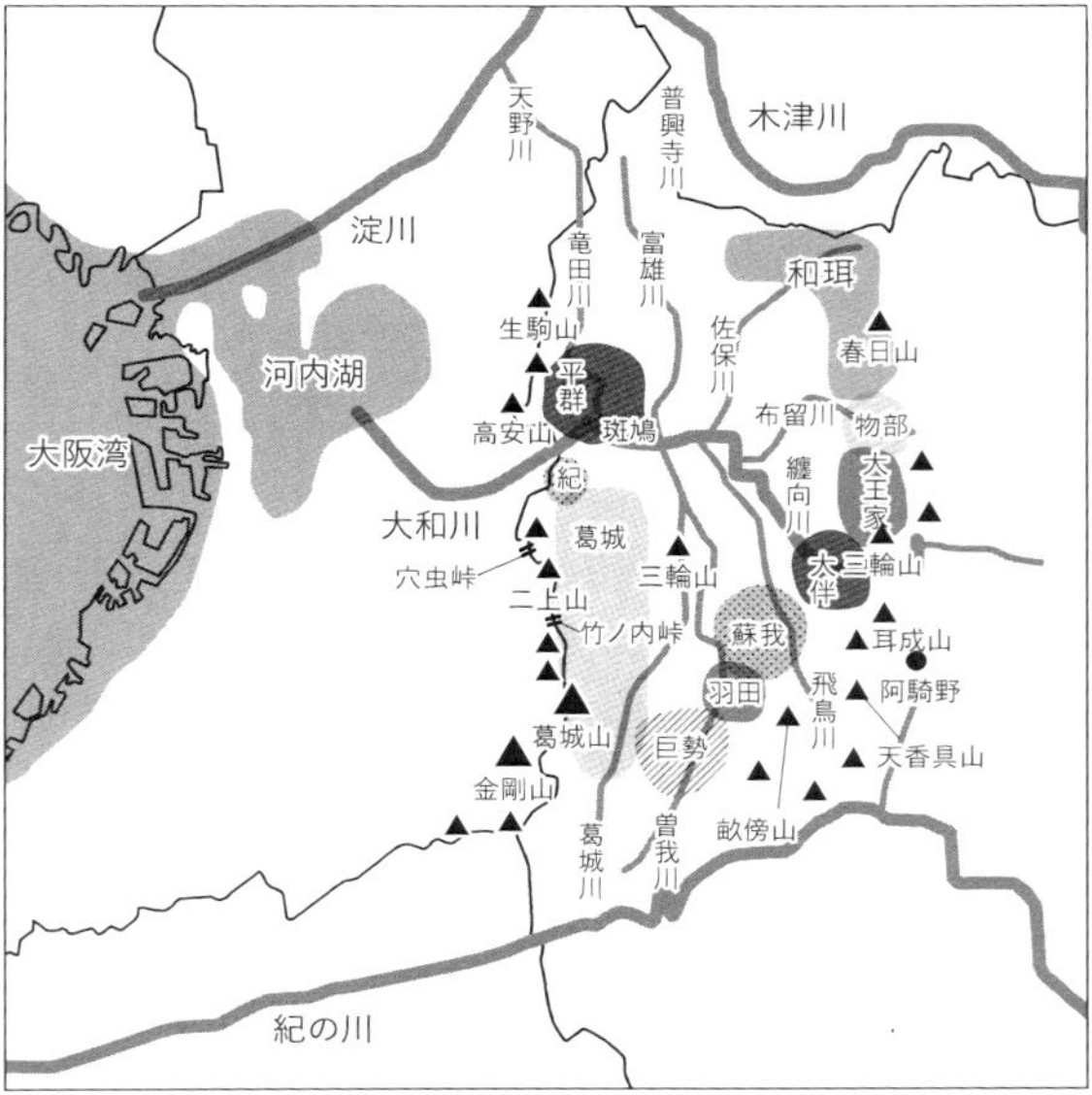

古代大和周辺の勢力図

期の畿内は、鉄器の過疎地帯となっている。

ヤマトは天然の要害で、西側（瀬戸内海側）からの攻撃に強かったから、ひとたびヤマトが鉄器を入手して勃興《ぼっこう》すれば、北部九州にとって厄介《やっかい》な存在になることは、火を見るよりも明らかだった。だから、北部九州が意図的に鉄器の流通を支配してヤマトを困らせたという推理は、整合性がある。

岩橋孝典《いわはしたかのり》も、よく似た推

理を働かせている。二〇〇三年七月十九日に行なわれた「山陰弥生文化公開シンポジウム　山陰vs.ヤマト」で、「日本海の物流から弥生時代を考える」という題の講演を行い、次のように推理する。

弥生時代中期ごろ、サヌカイト（讃岐石《さぬきいし》）の流通を通じて瀬戸内海と共通の社会を構成していた山陰地方だったが、弥生時代後期に突入すると、鉄器の安定した流通ルートが確保されていき、独自性を出していく。そして後期中葉《ちゆうよう》になると、北部九州が瀬戸内海ルートを遮断し、畿内に向かう鉄流通をカットしてしまったため、畿内とそれ以東の勢力は、日本海沿岸地域に接触するようになった……。

この二人の指摘は、ヤマト建国直前の西日本の状況を、うまく捉えていると思う。そして、鉄器の争奪戦と東アジアの大混乱という要因が重なって、日本列島の主導権争いが勃発したこと、それが「流通ルートをめぐる争い」だったとすれば、ヤマト建国の推理も、ようやく大きなヒントを獲得したように思えてくるのだ。

そして、ここで浮かび上がってくる謎は、北部九州のことだ。

弥生時代を通じて日本の最先端地域だった北部九州が、後漢の滅亡によって虎《とら》の威《い》を失ったからといって、そう簡単に衰退するだろうか。もちろん、鉄器の保有量という点に関していえば、北部九州は、ヤマト建国後も大量の鉄器を保有しつづけた。けれどもその一方でヤマト建国に乗り遅れたことは間違いないし、その後の北部九州に巨大な前方後円墳は造営されなかったのだから、ヤマト建国と北部九州の関係にも注目しなければならない。そして、神武天皇は九州からヤマトに向かったという説話がどういう理由で生まれたのか、大きな謎になってくる。『日本書紀』の証言を信じれば、やはり九州の誰かが、ヤマトの王になったことになる。考古学と文献史料の矛盾を、どのように判断すればよいのだろう。

神武東征を知るための邪馬台国論争

神武東征とヤマト建国のつながりを考える前に、ひっかかってくるのは、邪馬台国である。

邪馬台国論争は、百年以上にわたって続いてきたが、いまだに決着していない。古代史の迷宮入り事件といってよく、これ以上文献の読み方を研究しても、結論は出ないのではないかと思えてくる。

そもそも、「魏志倭人伝」の記事は、北部九州の沿岸地帯（博多付近）までは、正確に行程を再現できるのだ。ところが、ここから先が、まったくデタラメだった。「南に水行《すいこう》（船で）二十日＋南に水行十日＋陸行《りっこう》（歩いて）一月《ひとつき》」だと記されている。これを忠実に実行したら、鹿児島県を通りすぎ、太平洋に沈んでしまう。

そこで史学者たちは、この道程をどうやって日本列島にはめ込むか、知恵を絞ったのだ。

その結果、おおまかにいってしまえば、ふたつのプランが提出された。ひとつは「行程を連続させず放射線状に読む」ことで、邪馬台国を北部九州に比定《ひてい》する案。もうひとつは、「南と書いてあるのは東に読みかえる」ことにして、畿内のヤマトが「邪馬台国」だったという考えに行き着いた。

ただし、どちらの発想も決定的ではなく、結局考古学が最後の決め手になりそうだ。

だいたい、「魏志倭人伝」は西晋《せいしん》の陳寿《ちんじゅ》が三世紀末に、「又聞き（魏の役人の情報がどのようにして陳寿にもたらされたのかは、定かではない）」の形で資料をまとめ、陳寿の想像した邪馬台国の位置が記されているだけだ。それなのに、「魏志の記事は信用すべきだ」「いや、疑ってかかるべきだ」「正確なのだ」「いいや、あてにならない」と言い合いをしていても、何の解決にもならない。百年以上続いた論争は、「陳寿が日本列島のどのあたりを想定していたのか」を当てるゲームにすぎないことに、早く気付くべきだった。

とはいっても、邪馬台国論争は今、畿内説が優勢になりつつある。それは、すでに触れたように、邪馬台国とほぼ同時代のヤマトに纏向遺跡が登場し、そこで前方後円墳が誕生していたからだ。纏向出現から四世紀にかけて、前方後円墳は日本列島の多くの地域に伝播《でんぱ》し、埋葬文化が共有され、ヤマトから先進の文物が配られるという、ゆるやかな連合体が生まれた。だから、「邪馬台国はヤマトで間違いない」と、決まったかのように発言する学者も現れたのである。

たしかに、畿内説は優位に立ったかもしれない。しかし、ここであえて釘をさしておかなければいけないことがある。

纏向遺跡の中に出現した箸墓《はしはか》（箸中山古墳《はしなかやま》）は、最古級の前方後円墳で、炭素14年代法や年輪年代法という最先端の科学的方法を駆使して、三世紀半ばの造営だった可能性が出てきた。邪馬台国の卑弥呼の死が、まさにこのころで、だから「箸墓に卑弥呼は眠っている‼」と、畿内論者は大喜びした。

しかし、炭素14年代法には誤差があって、箸墓の場合、「もっとも古く見積もれば、三世紀半ば」なのであって、数十年後であってもなんら不思議はないのだから、まだ結論は出せない。

百歩譲って、箸墓が三世紀半ばの造営だとしても、だからといって箸墓と卑弥呼を結びつける証拠は挙がっていない。つまり、卑弥呼はヤマト以外の土地にいて、別の場所に葬られていたことも考えられるのだ。邪馬台国が倭国の中心だとしても、「魏志倭人伝」の言う「倭国」が、日本列島のどの地域を指しているのかさえ、明らかになっていないからだ。三世紀のヤマトに纒向遺跡が登場したとしても、それが邪馬台国につながる証拠は、まだなにひとつ出てきていないのだ。

神功皇后は邪馬台国の時代の人？

邪馬台国の位置ははっきりとしないが、邪馬台国の時代の状況にまつわる「魏志倭人伝」の記事は無視できない。

「魏志倭人伝」には、倭国が乱れ、攻伐していたこと、そのあと邪馬台国の卑弥呼が共立されたと記録されている。そして卑弥呼の最晩年、倭国は南側の狗奴国《くなこく》の攻撃を受け、この戦闘のさなか（あるいはその直後か）に卑弥呼は亡くなる。そして、男王が立つが、国中服さず、混乱の中、千余人が殺された。そこで卑弥呼の宗女で十三歳の台与（壱与）を王に立てた。するとついに、国は静かに治まったという。

ただし、台与のその後は、はっきりとしない。『日本書紀』神功皇后摂政《せっしょう》六十六年の条に、『晋書《しんじょ》』の起居注《ききょちゅう》（皇帝の言行記録）の引用文がある。「武帝《ぶてい》の泰初《たいしょ》二年（二六六）十月に、倭の女王が通訳を重ねて貢献せしめた」というのだ。卑弥呼はすでに死んでいたから、ここに登場する「倭の女王」は台与と考えられている。そしてこれが、台与の最後の姿となった。台与がいつ死んだのか、台与の末裔《まつえい》が誰なのか、まったく記録が残っていない。そのかわり『日本書紀』は、神功皇后の時代に、卑弥呼や台与にまつわる中国側の史料を紹介している。

謎はいくつもある。まず第一に、もし仮に『日本書紀』編者が、「神功皇后は邪馬台国の時代の人」と捉えていたのなら、なぜ神功皇后を女帝として扱わず、「皇后のまま六十九年間摂政の地位にあった」と記したのだろう。

通説は、神功皇后は六世紀から七世紀に登場した女帝たちをモデルに創作されたと考える。だから、この女人《にょにん》と邪馬台国の女王たちの間には、何の接点もなく、『日本書紀』編者が無理矢理結びつけたにすぎないという。

しかし、ならばなおさらのこと、なぜ神功皇后は『日本書紀』の説話の中で女王になれなかったのだろう。『風土記《ふどき》』の場合、神功皇后を天皇のように扱っている場面がいくつもある。ここに大きな疑念が湧《わ》く。

『日本書紀』は、神話の中心に天照大神を立てながら、なぜか日本の歴史のはじまりを女王にすることに、抵抗があったかのように思えてくる。

邪馬台国出現とヤマト建国がほぼ並行していたこと（邪馬台国がヤマトなら、時代が重なるのは当然のことだが……。ただし、若干卑弥呼の共立の方が早い）、混乱が勃発し、その都度女王が立って平安が訪れたという話は、無視できない。くどいようだが、邪馬台国とヤマト建国が同時代だったとすれば、「女王が平和をもたらした」のであり、ならばなおさらのこと、なぜ『日本書紀』は、この事実を歴史に留《とど》めることをせず、神武天皇が東に向かって、争っていた人たちをまとめることができた、と記録したのだろう。

なぜ天皇家の祖は南部九州に舞い下りたのか

ふり返ってみれば、神武天皇の祖神《そしん》・ニニギが、なぜ出雲ではなく、南部九州の日向《ひむか》に降臨したのか、これも大きな謎だ。

通説は、「神武が実際に南部九州からやってきたわけではない」と考えているようだ。

鉄器の保有量、人口密度から考えて、天皇家の故地《こち》は北部九州がふさわしいという。そして「日向」は南部九州ではなく、実際は北部九州なのに、天皇家の歴史を古く、遠く見せかけるために、話を南部九州にもっていったと考えていた。しかし、宮崎県や鹿児島県に残された濃厚な伝承を見るにつけ、「朝廷の創作した神話が先で、南部九州で伝承が後付けされた」とは思えなくなってくる。

史学者たちは、本当に南部九州を自分の目で確かめ、訪ね歩いてあのようなことを言っているのだろうか。西都原《さいとばる》（宮崎県西都市）の日本最大級の古墳群（四〜七世紀。三世紀にすでに前方後円墳が存在していた可能性もある）の存在を、どう説明すればよいのだろう。そして、西都原古墳や宮崎市の生目《いきめ》古墳群には、畿内のものと同一設計の前方後円墳も存在する。サイズを縮小しただけで、形はまったく同じなのだ。纏向の政権と日向は、強く結ばれていたはずなのだ。ちなみに、北部九州には、これほど大規模な前方後円墳群は見当たらない。ここに、大きな謎が隠されている。

さらに、天孫《てんそん》降臨神話の「地理」が、意味深長なのだ。

ニニギは最初日向の襲《そ》の高千穂峯《たかちほのたけ》に舞い下りたと神話は言う。この「天から降り立った場所」は創作に決まっている。問題は、その次の一歩がどこかだ。ニニギは徒歩で、笠狭碕《かささのみさき》（鹿児島県南さつま市笠沙町《かさされちょう》の野間岬《のまみさき》）に向かった。「わざわざ」山岳地帯を縦走している。そして、「なぜか」海岸線にたどり着いたのだという。この設定には無理がある。

神武天皇の兄たちは、「われわれの母も祖母も海神」と言っている。彼らは「海の民」の仲間だから、船で野間岬にやってきたのだろう。有明海《ありあけかい》から外海に出ても、熊本県の西側には「多島海《たとうかい》」が広がっていて、海の民にとって、これほどありがたいルートはなかった。海中の地形が複雑で、島と島の間を流れる潮は、絞り出され、圧がかかり、速くなる。これが、天然のエンジンとなって、船を動かす。縄文時代から、すでに九州の西側の海の道は確立していたことがわかっている。とすれば、天孫降臨とは、「北部九州の有明海から熊本県西部の多島海を通って野間岬にやってきた話」と読み説くのが、もっともふさわしいだろう。

ちなみに瀬戸内海も多島海で、だからこそ、吉備が栄えていくし、神武天皇が瀬戸内海を東に向かったのも、天孫降臨のときと同じように、潮の流れに乗って航海したからだろう。

問題は、なぜ神武の一族が、北部九州から南部九州に移動していたのか。そしてなぜ、神武天皇はヤマトを目指したのか、ということになってくる。

天皇の祖は天神であると同時に出雲神？

『日本書紀』は出雲の国譲りと天孫降臨神話、そして神武東征という三つの要素を使ってヤマト建国、天皇家誕生の流れと意味を説明している。しかし、何回読み返しても、整合性が見出《みいだ》されない。「神話の域を出ていない」ように見えるのだ。

しかし、われわれは、大きな隠し絵に惑わされていたのではないか。

じつは、出雲神と皇祖神は、同一なのではないかとする説がある。

上山春平《うえやましゆんぺい》の『神々の体系』『続・神々の体系』（中公新書）によれば、「タカマノハラ系とネノクニ系（天神と国神、皇祖神と出雲神）」の神の系譜《けいふ》がアメノミナカヌシ（天之御中主神《あめのみなかぬしのかみ》）を頂点に分かれ、天照大神とスサノヲらは、対《つい》になって対称的な存在となり、神話が終わった神武天皇（イワレヒコ）の場面で統合されてしまっているという。神武天皇が出雲神の娘を娶っているのが、ふたつの系譜の統合を意味していると指摘したのである。

つまり、『日本書紀』は天神を天皇家の祖神と断定し、正義の味方と褒《ほ》め称《たた》える一方で、国神たちを「邪神」「うるさい」と見下していたが、実際には、鏡で映した表と裏だということになる。

なぜこのような神統譜が出来上がってしまったのだろう。上山春平は、ここに七世紀の歴史が反映されていると推理した。出雲の大己貴神《おおなむちのかみ》に国譲りを要求した武甕槌神には、改革事業を成し遂げ律令制度を導入した中臣《なかとみの》（藤原《ふじわら》）鎌足《かまたり》と藤原不比等《ふひと》の親子の姿が投影されていて、大己貴神は反動勢力としての旧豪族に当てはまるというのである。

二手に分かれた神統譜が神武天皇の代にふたたび統合されるとする指摘は、的《まと》を射ていると思う。しかしそれが七世紀の改革事業と重ねられるかというと、じつに心許《こころもと》ない。なぜなら、のちに再び触れるように、中臣鎌足は改革派ではなく反動勢力で、藤原不比等が『日本書紀』の中で父親を正義の味方にすり替えたにすぎないからだ。

藤原不比等は中臣鎌足の正義を証明するために、「本物の正義の味方（豪族だが、それが誰かはのちに触れる）」を大悪人に見せかけるトリックを用意している。「正義の味方」の業績を架空の「聖者《せいじや》（皇族）」の手柄にして、その皇族の子供達を「本当は正義の味方だった人」に殺させるというストーリーを構築して、「本当は正義の味方だった人を悪人に仕立て上げるための聖者殺し」という図式を編み出すことに成功し、しかもわれわれは、これをいまだに信じているのだ。

この「正邪逆転」というトリックを、神話の世界にも応用したのではあるまいか。すなわち、「本当は悪いことをしていなかった人たち」を成敗してしまい、その正当性を証明するために、「葦原中国建国を成し遂げた人たち」を「よこしまな出雲の神々」と「正義の味方＝天神」に分解し、歴史を裏返してしまったのではないかと思えてならないのである。

つまり、天皇家の祖は天神であるとともに出雲神なのではあるまいか……。ここで思い出すのは、スサノヲがヒルコであって天照大神（こちらはヒルメ）と対の太陽神であったという指摘だ。われわれは、『日本書紀』の構築した「巨大なカラクリ」、巧妙な罠《わな》にはまっていたのではあるまいか。

出雲の国譲りは「天皇の祖の敗北」であって、そのあとに起きる天孫降臨も、零《れい》落《らく》と逃亡であったとすれば、筋が通ってくるのである。

そこで次章では、このような仮説が証明できるかどうか、話を進めていこう。ヒントを握っているのは、神功皇后の九州征伐と応神《おうじん》天皇の東征である。

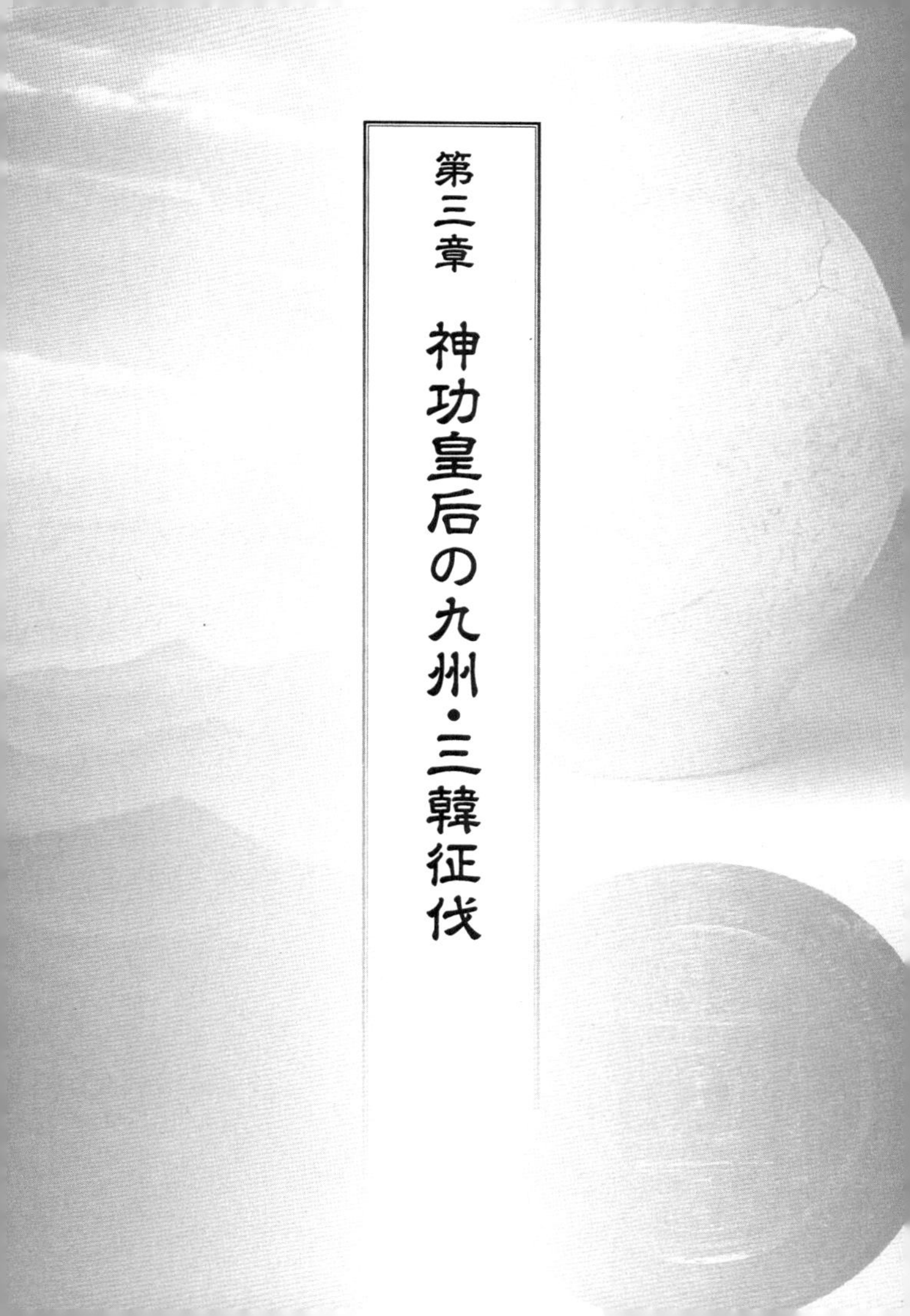

第三章　神功皇后の九州・三韓征伐

ヤマト建国の謎を解くヒント

複雑にからみ合った神話の世界。
出雲《いずも》の国譲り、天孫降臨《てんそんこうりん》、神武東征《じんむとうせい》は、謎《なぞ》だらけだ。整然と説明することは、不可能と思えてくる。

いっぽう通説は、ヤマト建国と邪馬台国《やまたいこく》の関係ばかりに拘泥《こうでい》し、神話を軽く見てきたように思う。

山陰地方の発掘調査が進み、「たしかに出雲は存在した」と考えるようになった。けれども、神話を歴史に読みかえる作業は、遅々として進まない。

ヤマト建国は、日本人の歴史の第一歩であり、この基礎の基礎をおさえておかないと、その後の歴史もわからなくなってしまう。たとえば、「ヤマトの大王《おおきみ》は征服者だったのか」「なぜヤマトの大王は城に住まなかったのか」「なぜ各地の埋葬文化を取り入れて前方後円墳《ぜんぽうこうえんふん》ができたのか」「なぜ日本人は天皇を守りつづけてきたのか」などの謎だ。ヤマトの王家（天皇）の本質を知るためにも、ヤマト建国の歴史は、何があっても最優先に解き明かす必要がある。くどいようだが、邪馬台国論争にばかり目を奪われていては、時間の無駄遣いである。

では、ヤマト建国のいきさつを明確にできるヒントはないのだろうか。それは神《じん》功皇后《ぐうこうごう》の九州遠征と三韓征伐《さんかんせいばつ》、そして、神功皇后と応神《おうじん》天皇が九州からヤマトに向かった「東征」に隠されている……。神功皇后と応神天皇にまつわる事件の中に、古代史解明の多くのヒントが残されているのではないか……。

神功皇后は第十四代仲哀《ちゅうあい》天皇との間に応神を産んでいる。ヤマトの初代王は第十代崇神《すじん》天皇というのが史学界の常識になっているから、ここから計算しても、神功皇后と応神天皇は、四世紀後半以降の人物と考えられる。しかし筆者は、応神天皇こそヤマトの初代王で、神武天皇と同一と考える。

第十代と十五代が同時代人などということがありうるのか、と反論を受けそうだ。しかし通説は、「初代と第十代は同一」と言っている。初代と十代が同一なら、十五代が十代と同一であっても不思議はない。それだけ大掛かりなカラクリを用意しなければ、ヤマト建国の真相を闇《やみ》に葬ることができなかったということだろう。

『古事記《こじき》』は三巻に分かれ、第一巻を神話にあて、第二巻で神武天皇から応神天皇の間を記録する。しかし第二巻の内容は、神話と変わりなく、現実味がない。もっともわかりやすいのは、ヤマトタケル（倭建命《やまとたけるのみこと》、日本武尊《やまとたけるのみこと》）だろう。登場人物を「神の名」にすり替えれば、そのまま神話になる。いや、人物名は人を喰《く》っている。「ヤマト（大和）タケル」「クマソ（熊襲）タケル」「イズモ（出雲）タケル」と、それぞれの地域の名を負っているのだから、それぞれが虚像に思えてくる。「ヤマトのヤマトタケルが熊襲（九州）と出雲（山陰）の賊を討った」という説話の次にくるのは、東国遠征で、ヤマトタケルは神の毒気《どくけ》に当たって命を落とす。つまりヤマトタケル説話は、神話そのものなのである。

そして、ヤマトタケルの子が仲哀天皇で、孫が応神天皇なのだから、応神天皇は神武と同じように、神話から飛び出してきた男なのだ。つまり『古事記』は、「神話は第二巻（応神天皇）で終わり。歴史は第三巻から」という形をとったのだろう。

『日本書紀』は神功皇后を邪馬台国の時代という

応神天皇はヤマトの初代王ではないか……。『日本書紀』は「応神の母は邪馬台国の時代の人」と言っている。神功皇后摂政《せっしょう》三十九年是歳《このとし》の条《じょう》、同四十三年に、「明帝の景初《けいしょ》三年（二三九）」「正始《せいし》四年（二四三）」に倭王が使者を帯方郡《たいほうぐん》に送ったという「魏志倭人伝《ぎしわじんでん》」の記事を引用している。また、すでに触れたように、神功皇后摂政六十六年の条に、『晋書《しんじょ》』の起居注《ききょちゅう》の引用文がある。これらは、邪馬台国の卑弥呼《ひみこ》と台与《とよ》の時代にあたる。したがって『日本書紀』の設定は、神功皇后は邪馬台国を同時代としているわけだ。

一猛斎芳虎『武者かゞみ』に描かれた神功皇后（国立国会図書館蔵）

もっとも通説は、一連の記事を怪しいと考える。もう一か所、神功皇后の時代を考える上で重要な記事があって、神功皇后摂政五十五年に百済《くだら》の肖古王《しょうこおう》が亡くなったとある。『三国史記《さんごくしき》』には、肖古王とよく似た近肖古王《きんしょうこおう》が西暦三七五年に亡くなったとあり、二人は同一人物とみなされ、こちらが本来の時代背景ではないかとする。「魏志倭人伝」は、『日本書紀』が干支《かんし》二巡（十干《じっかん》と十二支《じゅうにし》の組み合わせが一巡して六十年だから百二十年）、時代をくり上げてしまったにすぎないというのだ。第十代崇神が初代王で、応神は第十五代なのだから、当然通説は、こちらの四世紀後半を神功皇后の時代とみなす。

それだけではなく、神功皇后は六世紀から七世紀にかけて登場した女帝たちをモデルに創作された架空の存在だとする考えが有力視されてもいる。

しかし、これらの考えに素直に従うことはできない。神功皇后摂政前紀《ぜんき》（仲哀天皇九年十二月）に、応神天皇が筑紫《ちくし》（北部九州）で生まれ、産んだ場所を「宇瀰《うみ》」といったという記事があって、その直前の神功皇后の新羅《しらぎ》征討の別伝に、次のような場面がある。朝鮮半島で起きたトラブルを記録している。

新羅王を虜《とりこ》にして海辺に連れていき、斬り殺し、砂の中に埋めた。日本人の役人をひとり留《とど》め、新羅宰《しらぎのみこともち》（現地を治める責任者）として（神功皇后は）帰られた。その後、新羅王の妻が夫の屍《しかばね》の埋めた場所がわからないため、新羅宰に「妻になります」と誘惑して聞き出そうと考えた。

新羅宰は王の妻の言葉を信じ、屍を埋めた場所を教えてしまった。王の妻は国人とともに謀《はか》り、新羅宰を殺し、王の屍を掘り返し、移葬した。そうしておいて、新羅宰の屍を王の墓の土の底に埋め、王の空の柩《ひつぎ》をその上に載せ、

「尊卑《そんぴ》の秩序は、本来こうあるべきだ」

と言った。天皇（神功皇后）はこの成り行きを知り、怒り、軍勢を起こし、新羅を滅ぼそうと考えた。軍船は海に満ち、新羅の人々は恐れおののき、なすすべを知らなかったが、問題を起こした王の妻を殺し、罪を謝った。

これとよく似た話が、『三国史記』巻四十五、昔于老《せきうろう》伝に残されている。于老は新羅の第十代奈解尼師今《なかいにしきん》の子で、多くの戦功を挙げた人だ。ただし、倭国との外交問題を引きおこしている。

沾解王《てんかいおう》七年（二五三）、倭国の使者・葛那古《かつなこ》が（新羅に）来朝して滞在していた。于老は接待役を任せられていたが、戯《ざ》れ事に「近いうちにあなたの王を塩づくりの奴隷にし、王妃を炊事婦にしよう」と言った。倭王はこれを聞いて怒り、将軍・于《う》

道朱君《どうしゅくん》を遣わして我が国（新羅）に攻めてきた。そして、弁解する于老を捕らえ、焼き殺して埋めた。

その後、于老の妻が、倭国の使節団を自宅に招いて復讐《ふくしゅう》をする……。

この、『日本書紀』と『三国史記』の記事は、そっくりだ。そして、『三国史記』は西暦二五三年の事件だったと伝えている。これは、邪馬台国の卑弥呼が狗奴国《くなこく》との戦争中に亡くなり、台与が立てられたころである。

神功皇后の地理と戦略は理にかなっている

神功皇后伝説は、通説が言うようなお伽話《とぎばなし》なのだろうか。

のちの世の女帝をモデルにしたというのなら、なぜ余計な設定を用意する必要があったのだろう。たとえば、すでに述べたように、神功皇后は新羅征討に向かう際、子を身籠《みご》もっていて臨月が迫っていた。すると神功皇后は、石を腰に挟み、まじないをかけて産み月を遅らせ、凱旋後、九州で応神を産み落とした。そして応神

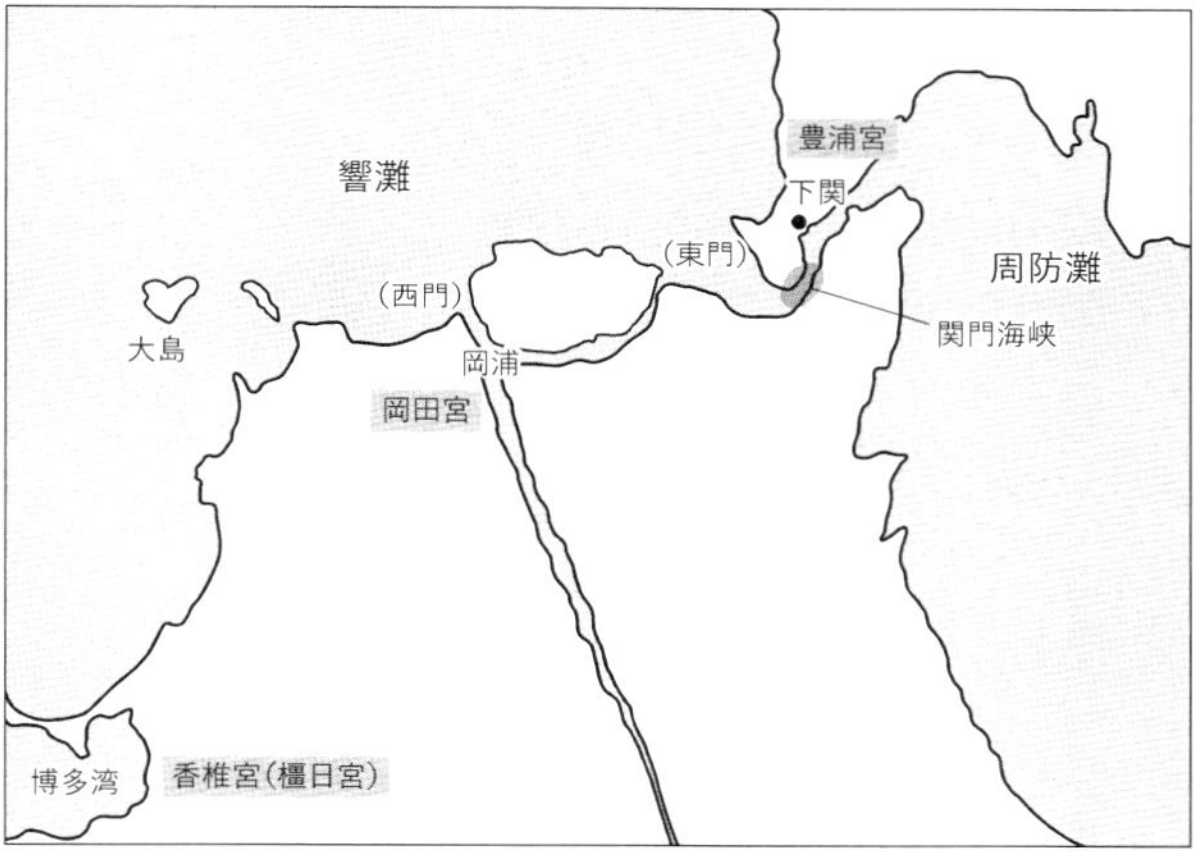

古代の関門海峡周辺図

は、神功皇后らとともに、瀬戸内海を東に向かい、紀伊《きい》半島に迂回《うかい》しつつも、ヤマトに入ることができた。

子宮（胞衣《えな》）にくるまって九州に降臨した応神。そして、瀬戸内海を東に向かったら政敵が待ち構えていたというこれらの話、神話の天孫降臨、神武東征とそっくりなのだ。後の世の女帝とは、まったく関係ない話ではないか。

これらは、ヤマト建国にまつわる歴史の「神話化」ではないのか……。『日本書紀』編者は、神功皇后が邪馬台国の時代の人間であったことを知っていて、その事実をたくみに誤魔化《ごまか》そうとしていたのではなかろうか。その一方で、すべてをすり替えることもできず、ところどころに、真相を突きとめるためのヒントが隠されているように思えてならない。説話がお伽話めいているにもかかわらず、具体的な「地理」や「戦略」は、じつに理にかなっていたからである。

その例をいくつか挙げてみよう。

仲哀天皇二年、神功皇后は角鹿《つぬが》（福井県敦賀市）に行幸《ぎようこう》していたが、九州の熊襲《くまそ》が背《そむ》いたという報に接し、日本海を西に向かった。仲哀天皇は紀伊にいて別行動だった。穴門豊浦宮《あなとのとゆらのみや》（山口県下関市）で仲哀天皇と神功皇后は落ち合い、なぜか六年間留まった後、仲哀天皇八年に筑紫に向かい、橿日宮《かしひのみや》（香椎宮《かしいぐう》、福岡県福岡市）に拠点を造った。そして神託が下りて、「熊襲にこだわらず、海の向こうの新羅を討て」と命じられた。ところが仲哀天皇はこれを無視したため、急死してしまう。

神功皇后は軍を率いて南下し、山門県《やまとのあがた》（福岡県みやま市）の女首長を滅ぼすと反転して、新羅を攻めたのである。

この神功皇后の足跡には、重大な秘密が隠されている。

まず、豊浦宮は戦略上大きな意味をもっている。

すでに触れたように、弥生時代後期の北部九州は、鉄を東に渡さないように関門海峡を封鎖した可能性が高い。豊浦宮は、瀬戸内海側から関門海峡の制海権を獲得するための足場としては、最高の立地だった。神功皇后は豊浦津《とゆらのつ》で、海神《わたつみ》から如意珠《にょいのたま》をもらい受けている。これは潮の満ち引きを意のまま（如意）に操る珠で、壇《だん》ノ浦《うら》の合戦（一一八五年）で関門海峡の潮の流れが平氏の滅亡を呼び込んだように、豊浦宮の神功皇后は、満ち潮引き潮をうまく利用して、徐々に北部九州勢力を追い詰め、関門海峡の制海権を獲得したのだろう。六年間この地に留まったというのは、それだけ北部九州勢力の抵抗が激しかったからにほかなるまい。

北部九州の防衛上のアキレス腱

豊浦宮で六年を過ごした後、神功皇后らが関門海峡を通り西に向かうと、沿岸部の首長たちはこぞって恭順してきた。これはいったい何を意味しているのだろう。なぜ、激しい抵抗のあと、ころっと寝返ったのだろう。

ここに、北部九州勢力の地勢上の弱点が隠されている。北部九州勢力は、玄界灘沿岸から南側の筑紫平野、そして有明海に続く地域で繁栄を誇っていた。けれども、ひとたび東側の勢力（瀬戸内海やヤマト）から攻められると、不利だった。防衛上のアキレス腱《けん》があったのだ。それが、筑後川上流の大分県日田《ひた》市で、筑紫平野から盆地にいたる川幅が狭く、ここを大軍で攻め上ることはむずかしい。逆に、東側の勢力が日田を東側から占拠してしまえば、一気に船をくり出し、軍勢を筑紫平野に展開することが可能だ。

日田盆地の高台には、三世紀の纏向《まきむく》遺跡とほぼ同時代の政治と宗教に特化した環濠集落《かんごうしゅうらく》が見つかっている。それが小迫辻原《おざこつじばる》遺跡で、なぜか畿内と山陰系の土器が出土している。どうやら日田盆地は、東側の勢力の手に落ちていたようなのだ。そして、日田を奪われた北部九州沿岸地帯の首長たちは、あわててヤマトに靡《なび》いたのだろう。背後の憂《うれ》いを抱えたままで玄界灘から攻められれば、逃げ道がない。

神功皇后が豊浦宮に長期滞在し、いったん西に向かったとたん、沿岸地帯の首長たちが先を争うかのように恭順してきたのは、日田を取られた衝撃が走ったからではないかと思えてくるのである。

神功皇后は「トヨ（豊）の名のつく海の女神」とあらゆる場面で接点をもっていたのだが、「豊浦宮」の対岸の九州島北東部が「豊国《とよのくに》（豊前《ぶぜん》、豊後《ぶんご》）」だったこと、

豊浦宮跡と伝わる忌宮《いみのみや》神社(下関市)

日田市が豊国の西のはずれだった意味は、けっして小さくない。

橿日宮も、航空写真を見ると、「ずば抜けて戦略性のある土地」であることがはっきりとする。福岡平野の北東のはずれの平野を見下ろす高台で、しかも玄界灘に面しているから、兵站《へいたん》補給に適している。そして、北部九州勢力に急襲されても、援軍を頼み、あるいは船で逃げることも可能だった。福岡平野を支配するならここしかいないという好立地である。

つまり、戦略的な視点で神功皇后の説話を読みなおすと、地理と戦略のすべてが合理的に見えてくるのである。

ヤマトと邪馬台国の争い

神功皇后は山門県の女首長を殺して、国内の戦いに終止符を打っているが、この一帯こそ、邪馬台国北部九州論の最有力候補地なのは、偶然ではあるまい。筆者は、「山門県の女首長」こそ、邪馬台国の卑弥呼と考える。ヤマト（邪馬台国）の卑弥呼をヤマト（大和）の神功皇后が殺したという推理だ。

江戸時代の国学者・本居宣長《もとおりのりなが》は、九州の卑弥呼が畿内のヤマトを出し抜いて「われわれは倭国のヤマト」と、魏に偽って報告をしたと推理した。これが偽僣《ぎせん》説で、本来なら、ここで邪馬台国論争は終わっていたのではないかと思えてくる。

以下、偽僣説と筆者の考えをミックスして、推理を展開してみよう。

山門県の地勢上の利点は、仮に日田盆地をおさえられたとしても、高良山《こうらさん》（福岡県久留米市）という「山城」を楯に、東の勢力に対抗できたことだ。しかも、筑後川を下れば、一気に有明海に出られる。挟み撃ちの恐怖がない分、玄界灘付近の諸勢力とは、条件が異なるのだ。

高良山は北部九州の要《かなめ》だった。この地で何度も戦乱が起き、多くの武将が、高良山を重視した。「天下の天下たるは高良の高良たるが故なり」と称《たた》えられたほどだ。

弥生《やよい》時代の日本列島で最も栄えていたのは北部九州だったが、後漢《ごかん》の滅亡と混乱によって西日本に動揺が広がり、その隙を突いてヤマトにあっという間にいくつもの地域が集まってしまった。孤立した北部九州がとる方策は、プライドを捨てヤマトに靡くか、三国鼎立《ていりつ》状態の中国のどこかの王朝と手を結んでヤマトを威圧するか、どちらかだったろう。

そして、朝鮮半島に魏が勢力を伸ばしてきたその瞬間を、北部九州の人たちは失地回復のチャンスと捉えたのではなかったか。

邪馬台国の卑弥呼を担ぎ上げた勢力（倭国）は、魏に朝貢《ちょうこう》し「親魏倭王《しんぎわおう》」の称号を獲得し、虎《とら》の威《い》を借りればヤマトは攻めてこないと考えたのではあるまいか。高良山を根城《ねじろ》にすれば、負けないと考えたのだろう。

もちろん、本当のヤマトは畿内にあって、卑弥呼のヤマトはニセモノだから、北部九州沿岸地帯から邪馬台国に至る行程はあやふやに報告し、「そんなに遠いのなら、直接行きたくない」と、魏の役人に思わせるほどの場所を報告したのだろう。

ひょっとすると北部九州連合の面々はヤマト（大和）に対し、「われわれの王をヤマトに迎え入れよ」と要求したのかもしれない。しかし、東日本をふくめた大連合体に膨れあがったヤマトは、関門海峡を突破し制海権を獲得して日田を制圧すると、一気に北部九州になだれ込んだのだろう。

『日本書紀』は山門県の女首長が殺されたとき、あわてて兄が戻ってきたが間に合わなかったと記録する。もし神功皇后の九州征討が創作なら、こんな話は挿入する必要はなかった。おそらく、卑弥呼の兄が難攻不落の高良山を固めていて、卑弥呼はその後方の安全な場所にいたのだろう。しかし、背後から攻められ、殺されてしまったということなのだろう。

「魏志倭人伝」によれば、卑弥呼亡きあと男王が立つも国中服さず、千余人が殺されたと言い、卑弥呼の宗女《そうじょ》（一族の女）で十三歳の台与《とよ》（壱与《いよ》）が王に立てられたと言うが、この台与こそ、ヤマトから差し向けられ、卑弥呼を殺した張本人だろう。つまりこれが、神功皇后であり、「卑弥呼の宗女」と魏に報告したのは、「ヤマトが邪馬台国の親魏倭王を殺した」という事実を伏せたかったからにちがいない。これが露顕すれば、ヤマトは魏に反逆したことになってしまう。

タニハ連合出身の神功皇后は魏にヒスイを贈った

邪馬台国の台与が別の地域からやってきた可能性は、「魏志倭人伝」の記述からもうかがえる。

台与は魏に青大勾珠《せいたいこうしゅ》を贈っている。これはヒスイの勾玉《まがたま》と考えられているが、卑弥呼は贈っていない。ヒスイは日本各地でとれるが、なぜか縄文時代以来新潟県糸《いと》魚川《いがわ》市付近のものが珍重された。なぜ卑弥呼ではなく台与が日本海の神宝《しんぽう》を魏に贈ることができたのだろう。それは、台与が日本海を伝って九州にやってきた神功皇后だったからだろう。神功皇后は「トヨの宮＝豊浦宮」の近くの海で海神から如意珠をもらい受けたと『日本書紀』は言うが、これは糸魚川産のヒスイであろう。

ところで、神功皇后の名は「オキナガタラシヒメ（気長足姫尊《おきながたらしひめのみこと》。息長帯日女命《おきながたらしひめのみこと》）」で、「オキナガ」は近江《おうみ》と関わりの深い名だ。そして、近江は日本海と接点をもっていた。

近江といえば、最古の前方後方墳《ぜんぽうこうほうふん》が出現した場所で、タニハから先進の文物をもらい受け、尾張《おわり》とともに発展したのだった。タニハと近江、尾張がまず策動し、ヤマト建国のきっかけが作られたのではないかと、筆者は疑うが、神功皇后が角鹿から日本海伝《づた》いに九州に向かったという『日本書紀』の設定は、神功皇后が「タニハ+近江+尾張」の「タニハ連合」の後押しを受けていた可能性を高めている。

ただし、タニハ連合は最初から日本海全体の利を代弁していたわけではない。タニハはヤマト建国の直前、出雲といがみ合っていたからだ。そして、出雲はタニハの先の越前《えちぜん》の地域と手を結び、出雲の四隅突出型墳丘墓《よすみとつしゅつがたふんきゅうぼ》が造営された。これに対しタニハは、越前の先の地域と手を結んだ。遠交近攻策をお互いに展開していたのだ。しかし、タニハ連合が仕掛けた「ヤマト建国」という事態に、出雲や吉備《きび》は、あわてて従ったのだろう。

そして、だからこそタニハ連合出身の神功皇后は、ヒスイを携《たずさ》えて九州に赴《おもむ》いたのだろう。

「魏志倭人伝」の言う邪馬台国の卑弥呼は、山門県の女首長で、台与はタニハ連合が遣わした神功皇后であった……。ここまでわかっても、問題は山積みで、台与とそのあとの歴史がうまくつながらない。中国の史料から、台与の姿が消えてしまうからだ。すでに触れた『晋書』起居注の記事があるだけで、どこで、いつ亡くなったのかがわからないのである。

台与を神功皇后とみなせば、その後ヤマトに戻り、政敵を蹴散らしたことになる。しかし腑《ふ》に落ちないのは、『日本書紀』の態度だ。なぜ神功皇后の即位を認めなかったのだろう。なぜ、日本の歴史が女王から始まったと伝えなかったのだろう。

ここに、大きな謎が隠されている。しかしわれわれはどうしても、邪馬台国とヤマトの本当の関係を解き明かさねばならない。鍵を握っていたのは、やはり神功皇后（台与）だ。この女人こそ、ヤマトの国母《こくも》であり、邪馬台国とヤマトの歴史をつなぐ大きな秘密を握っていたのだ。そして、応神東征によって九州の邪馬台国はヤマトに合流していく。けれども『日本書紀』はこの事実を正確に記録することができず、ひとつの歴史を三つの時代に分解してしまったと考えられる。なぜなら、神功皇后と応神天皇は「明かすことのできない秘密」を抱えていたからだ。以下、その説明をしていこう。

神功皇后が結ばれた本当の相手

そこで話は「あの夜」に戻る。

仲哀天皇は神のいいつけを守らなかったことで亡くなったが、恐ろしい神の正体は住吉大神《すみよしのおおかみ》だったらしい。住吉大神は住吉大社（大阪市住吉区）の祭神《さいじん》で、別名を「表筒男命《うわつつのおのみこと》・中筒男命《なかつつのおのみこと》・底筒男命《そこつつのおのみこと》（海の神は三柱で一組の例が多い）」とも「塩《しお》土老翁《つつのおじ》」ともいう。

住吉大社の伝承によれば、仲哀天皇が亡くなられた晩、住吉大神と神功皇后は「夫婦《めおと》の秘《ひ》め事《ごと》」をしたという。だからだろうか、住吉大社では住吉大神と神功皇后の二人が祀《まつ》られるが、肝心の仲哀天皇は無視されている。

それにしても、尋常ならざる伝承ではないか。これはいったい何を意味しているのだろう。神と結ばれたということは、誰か歴史に残したくないモデルがいた、ということではなかったか……。

そこで『古事記』をひもとくと、興味深い事実があぶり出されてくる。あの晩、

住吉大社（大阪市住吉区）

その場にいたのは、仲哀天皇、神功皇后、そして、武内宿禰《たけのうちのすくね》の三人だったと記録している。ならば、神功皇后と結ばれたのは、武内宿禰ではあるまいか。
　武内宿禰は三百歳の長寿を全《まっと》うしたため（現実ではなかろうが）、老人のイメージがつきまとう。かたや住吉大神は塩土老翁とも呼ばれ、やはり老人だ。応神天皇は武内宿禰に誘われてヤマトに向かったが、神武天皇の東征を促《うなが》したのは塩土老翁で、二人はそっくりだ。
　三百歳といえば浦島太郎を思い出すが、浦島太郎伝説が武内宿禰と住吉大神（塩土老翁）を結びつけていく。『日本書紀』は浦島太郎を丹後《たんご》の人と言い、『万葉集《まんようしゅう》』の場合は、「墨吉《すみのえ》の人」と言っている。墨吉とは住吉のことで、たしかに浦島太郎と塩土老翁はよく似ている。

海幸山幸《うみさちやまさち》神話の中で、塩土老翁は山幸彦《やまさちひこ》を無目籠《まなしかたま》（水が漏《も》れないように固く編んだ籠《かご》。籠から連想されるのは亀甲紋《きっこうもん》で、亀そのものだ）に乗せ、海神の宮に誘っている。この場合、山幸彦が浦島太郎に似ているが、「浦島伝説によく似た神話に塩土老翁が登場している」事実は無視できない。

浦島太郎は古代文書がことごとく取りあげた題材で、『日本書紀』は、「実在した」「詳細は別冊に記録した（現存せず）」と言っている。浦島伝説の興味深いところは、「タニハ連合の中心＝丹波（丹後）」が舞台だった点で、ここにヤマト建国の謎を解き明かすための、大きなヒントが隠されているのではあるまいか。

すでに述べたように、神功皇后は角鹿から日本海伝いに豊浦宮に向かった。かたや仲哀天皇は、瀬戸内海を西に向かっている。二人は日本海と瀬戸内海それぞれを代表していたが、九州の地で意見が分かれ、決裂し、武内宿禰と神功皇后が仲哀天皇を密殺したか、あるいは日本海勢力が主導権を握ったことを暗示しているのではあるまいか。

「初代の応神天皇（神武天皇）」の父親が武内宿禰だったことは、『日本書紀』が真っ先に抹殺しなければならない事案であったろう。もし仮に、『古事記』の言うように、蘇我《そが》氏が武内宿禰の末裔《まつえい》とするならば、藤原氏が滅ぼした蘇我氏は、「王家を蔑《ないがし》ろにした大悪人」ではなく、「王家に近い人々」だった可能性が高くなる。蘇我氏こそ、高貴な血脈から分かれ、正統な人脈に囲まれていたのだろう。だからこそ、『日本書紀』は蘇我氏の系譜を記録しなかったのだ。いや、できなかったのである。

「日本海勢力vs.瀬戸内海＋尾張勢力」の主導権争い

弥生時代後期の出雲とタニハは対立していたが、いったん「ヤマト」という連合体が誕生すれば、利害の対立は「日本海vs.瀬戸内海」という図式に収斂《しゅうれん》され、出雲とタニハは大同団結していったのだろう。だからこそ、のちの世に作られていった神話の中で、日本海勢力は「出雲」と括《くく》られていったのだと思う。

問題は、神功皇后が九州を制圧し、卑弥呼の宗女として擁立されたあと、どのような事態が待ち受けていたのか、ということである。

筆者の推理はこうだ。神功皇后はヤマトに裏切られ、追われ、南部九州に逃れ、のちに末裔の神武（応神）が、ヤマトに迎え入れられたのだろうと考える。

つまり、神功皇后が女王となって親魏倭王の称号を獲得すると、ヤマトは疑心暗鬼《ぎしんあんき》になったのだろう。神功皇后はミイラ取りがミイラになったのであって、本来ならば、ヤマトの中で主導権争いをすべきところを、ヤマトと九州に、国を二分する核が出来上がり、分裂の危機を迎えたのだろう。しかも、ヤマトを実質的に動かしていたのが吉備だったとすれば、「九州＋日本海 vs.瀬戸内海」の主導権争いを形成し、どちらをとるか選択を迫られた東海地方の「尾張」は、瀬戸内海に与《くみ》したのであろう。

そう考える理由は、いくつもある。

ここで大きな意味をもってくるのが、「出雲（日本海）潰《つぶ》しの主役」だ。

神話の中では、タカミムスヒが主役となっていたが、実際に出雲を制圧したのは、経津主神《ふつぬしのかみ》と武甕槌神《たけみかづちのかみ》だった。経津主神は物部《もののべ》系、武甕槌神は尾張系の神とする説があって、筆者もそう考える（拙著『なぜ饒速日命《にぎはやひのみこと》は長髄彦《ながすねひこ》を裏切ったのか』

ＰＨＰ研究所）。

物部氏と尾張氏の祖は、他の伝説の中でも、出雲潰しに走っている。

出雲国（島根県東部）の西隣は石見国《いわみ》（島根県西部）で、国境の西側に物部神社（大田市川合町）が鎮座する。祭神は物部氏の祖でニギハヤヒの子の宇摩志麻遅命《うましまぢのみこと》（可美真手命《うましまでのみこと》）だ。

伝承によれば、宇摩志麻遅命は尾張氏の祖の天香語山命《あまのかごやまのみこと》とともに越後《えちご》に遠征し、天香語山命はそのまま留まり、宇摩志麻遅命は鶴に乗って石見に舞い下りてきたという。

境外摂社《けいがいせっしゃ》が川合町のあちこちにあって、やはり物部系の神を祀っている。物部氏ゆかりの地であることは間違いないし、物部神社が出雲大社と仲が悪いことも、このあたりでは有名な話だ。それはなぜかといえば、出雲神話の中で物部系の経津主神と尾張系の武甕槌神が出雲いじめをし、なおかつ出雲（日本海連合）の領域を挟み込むように、物部氏と尾張氏の祖が楔《くさび》を打ち込んでいるから、当然のことだ。

神社伝承だからと笑殺《しょうさつ》できないのは、天香語山命が弥彦《やひこ》神社（新潟県西蒲原郡）で開拓神として祀られ、宇摩志麻遅命が石見に舞い下り、まさに「出雲＋タニハ連合」の日本海勢力を包み込むかのような陣取りをしていることなのである。

つまり、出雲の国譲りとは、「日本海勢力vs.瀬戸内海＋尾張勢力」のヤマト建国後の主導権争いであり、日本海勢力が敗北した、ということだろう。

日本海勢力はなぜ復活したのか

一度敗れ南部九州に逼塞《ひっそく》した日本海勢力なのに、なぜ復活し、神功皇后の末裔がヤマトに呼びもどされたのだろう。

ヒントは、第十代崇神天皇の記事の中に隠されている。

疫病《えきびょう》が流行し、過半数の人が亡くなるという惨状に、崇神天皇は占いをしてみた。すると、出雲の大物主神《おおものぬしのかみ》の意志であることがわかった。大物主神が「わが子を探し出し、私を祀らせればよい」と言うので、大田田根子《おおたたねこ》なる人物を探し出し、大物主神を祀らせた。すると神託どおり、世は平静を取り戻したという。

ここで、ひとつ思い出すことは、「神を祀るのは天皇の仕事ではないのか」ということで、なぜ大物主神は崇神天皇を祀る者に指名しなかったのか、ということだ。すでに述べたように、ヤマト建国時の王（のちの大王、天皇）は、実権を伴わない祭司王だった可能性が高い。

ここでひとつ付け加えておきたいのは、祭司王だからといって無力だったわけではないということだ。卑弥呼を討つために、まだ童女だった台与が遠征軍の先頭に立ったのは、「巫女《みこ》の霊力」が戦争の勝敗を大きく左右すると信じられていたからだろう。だから、「神とつながる王」は必要だったのだ。だからこそ、その「神を祀る役目」を、崇神天皇が放棄して他人に譲ってしまったことは、不思議なのだ。回りくどいことを言ってしまった。『日本書紀』は、崇神天皇は大田田根子に大物主神を祀らせたと言うが、「神を祀る者は王」と定義づけできるならば、このとき崇神天皇は、大田田根子に王位を譲っていたのではあるまいか。すなわち、天変地異や疫神《えきじん》を鎮めることができなかった崇神天皇は、やむなく「もっと強い霊力を携えた者」、あるいは「出雲の神を鎮める資格をもった者」、あるいは「出雲の神が納得する者」に、司祭者の立場を譲ったのではなかったか。つまり、崇神天皇は瀬戸内海勢力を代表する王で、王位を大田田根子に禅譲《ぜんじょう》したのである。

そこで問題になるのが、大田田根子の正体である。ヒントを握っているのは三輪《みわ》山《やま》だ。

出雲神・大物主神を祀る大神神社《おおみわ》の御神体《ごしんたい》は背後の三輪山なのだが、なぜか山頂には大物主神ではなく、「日向御子《ひむかのみこ》」が祀られる。

この「日向」が謎で、一般的には、「太陽信仰だから、日向なのだろう」と言う。しかしそれなら、なぜ余計な「御子」がぶら下がってくるのだろう。「御子」は「若」「稚《わか》」と同じで、子ども、童子を連想させる。「若宮」といえば、祟《たた》る神を祀る例が多いように、童子は鬼であり、鬼のように恐ろしく神聖だから、祭りに「お稚児《ちご》さん」が担がれ仰がれ、連れ回される。だから、「日向御子」は不思議なのだ。なぜ「日向」に「御子」なのか。そして、なぜ大物主神を祀る山に、「日向御子」なのか。

この「日向」は、ひょっとして地名ではあるまいか。すなわち、ヤマトの瀬戸内海勢力に裏切られ、南部九州に逃れた日本海勢力の人びとは、ヤマトを恨《うら》み、呪《のろ》ったであろう。主導権を握った瀬戸内海勢力であったが、天変地異と飢餓《きが》、疫病の蔓延《まんえん》という非常事態に接し、「日向の人びと（零落《れいらく》した日本海勢力）の祟りか」と考えたであろう。そして、人口が半減するに及び、「呪う王を迎えいれ、出雲の神を祀らせよう」と考えたのではあるまいか。これが神武東征の真実であり、さらに、応神東征も同じ話だったと思われる。

これが、出雲の国譲り、天孫降臨、神武東征、神功皇后の九州征討説話の真相だと、筆者は考える。

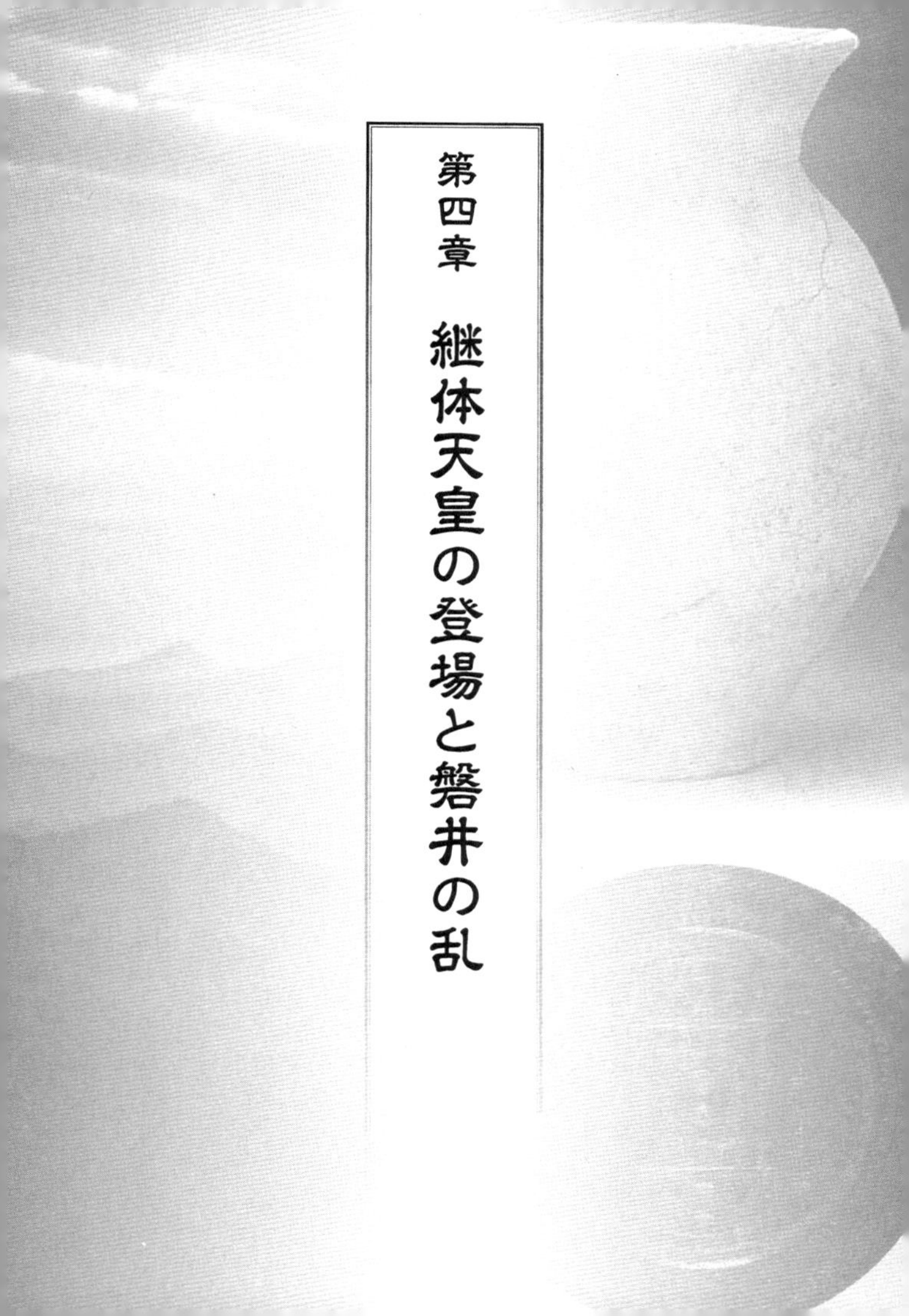

第四章　継体天皇の登場と磐井の乱

継体即位は王朝交替なのか

次に紹介する事件は、六世紀前半に飛ぶ。継体《けいたい》天皇の即位（おそらく五世紀末か六世紀初頭）と磐井《いわい》の乱（五二七年）だ。

天皇の即位がなぜ事件なのかといえば、王朝交替ではないかと疑われているからだ。

『日本書紀』によれば、継体天皇（男大迹王《おおどのおおきみ》）は応神《おうじん》天皇の五世の孫で、母は垂仁《すいにん》天皇七世の孫と、皇族としての血が薄い。しかも、近江《おうみ》の高島に生まれたのちに越《こし》（越前《えちぜん》）の三国《みくに》（福井県坂井市）に移り、ここで育ったという。これが事実なら、即位の可能性は極めて低かった。田舎《いなか》貴族そのものだからだ。

ところがヤマト朝廷は、使者を越に送り込み、三顧《さんこ》の礼をもって迎えいれた。ここに大きな謎がある。

この直前ヤマトに君臨していた武烈《ぶれつ》天皇には男子がなく、やむなく継体を探し出したと『日本書紀』は言う。また、『日本書紀』は、武烈天皇が破廉恥《はれんち》な行為をくり返していたと記していて、通説はこれを「政権交替の正当性を述べるため」と考える。

たしかに、天皇を礼讃《らいさん》する目的で記された『日本書紀』に、悪行《あくぎょう》をくり返す武烈天皇が登場したのは、腑《ふ》に落ちない。やはり、一連の『日本書紀』の記事には、謎が隠されているし、「事件性」を感じずにはいられないのだ。しかも、もし通説の言うように、これが政権交替だったなら、まさに日本の歴史が大きくひっくり返った事件だったといえよう。

継体天皇像（福井市）

ちなみに、継体天皇は即位後、前王家の娘を娶《めと》っているため、これは「婿《むこ》入りではないか」とする考えも有力視されるようになった。けれども、なぜ王を越から連れてくる必要があったのかについて、はっきりとした答えが出されたわけではない。

それだけではない。継体天皇の王

統は、今日の天皇家につながっているというが、意外な地域ともつながっている。それが「東」である。

継体天皇は即位する前、尾張《おわり》氏の目子媛《めのこひめ》との間に子をなしていた。これが勾大兄皇子《まがりのおおえのみこ》と檜隈高田皇子《ひのくまのたかたのみこ》で、のちに即位して安閑《あんかん》、宣化《せんか》天皇となる。継体天皇は、東国《とうごく》に強い影響力をもつ尾張氏の後押しを受け、自身も東国に育ち、東国からヤマトに乗り込んでいる。この「東国との縁」を無視することはできない。

八世紀以降、朝廷は東国を仮想敵国とみなしていて、都で不穏な空気が流れ、高貴な人間が亡くなると、必ず三つの関を閉めた。これが三関固守《さんげんこしゅ》で、三関とは伊勢《いせ》国鈴鹿《すずか》・美濃《みの》国不破《ふわ》（関ヶ原）・愛発《あらち》（福井県敦賀市南部の旧愛発村と滋賀県高島市マキノ町との境にある有乳山《あらちやま》付近）を指している。継体天皇は、この「八世紀以降の朝廷から恐れられた三関」の東側からやってきたのだから、ここにも大きな謎が隠されている。八世紀に編まれた『日本書紀』の中で、三関から東は、蔑視《べっし》され、無視される存在となっていく。そして、警戒されていくのである。

天皇家の故地なのに、これは不思議なことではないか。

継体天皇をめぐるもうひとつの謎が磐井の乱である。朝鮮半島の伽耶《かや》諸国を救援するために近江毛野臣《おうみのけぬのおみ》が率いた六万の軍勢が九州に到着すると、筑紫君《つくしのきみ》磐井は遠征を邪魔だてし、挙兵したのだった。朝廷は物部麁鹿火《もののべのあらかひ》を差し向け、これを鎮圧する。

磐井の乱は、単純な内乱ではなく、朝鮮半島情勢が密接にからんでいたようなのだ。とはいっても、磐井が何を目論《もくろ》んで反旗を翻《ひるがえ》したのか、はっきりとした答えは、いまだに出ていないように思われる。そして、継体天皇の育った越の地域は朝鮮半島南部との交流によって成長した地域だったから、継体天皇の出現と磐井の乱の間には強い因果関係があったように思えてならない。

倭の五王とは何者なのか

継体天皇は「東」からヤマトに乗り込んだという点で特別な存在なのだが、日本海からやってきたという話も謎めく。

ヤマト建国前後の主導権争いは、最初は北部九州とヤマトの戦いであったのに、次第に「日本海＋北部九州 vs.瀬戸内海＋尾張（東海）」に変化していった。そして日本海勢力は敗れ、没落していったのだ。山陰地方に巨大な前方後円墳《ぜんぽうこうえんふん》が生まれなかったのは、このためだ。逆に、五世紀前半まで、吉備《きび》には巨大な前方後円墳が造営されていく。それぞれの時代の天皇の巨大な前方後円墳とほとんど変わらない「寸止めの大きさ」だ。

ヤマト建国の勝者は吉備であり、瀬戸内海なのである。ヤマト朝廷は瀬戸内海の流通ルートを重視する一方で、日本海を封じ込めたとしか思えない。

ところが、五世紀後半にヤマトの王家は内輪もめをくり返し、その隙を突いて、日本海側が息を吹き返すのだ。五世紀末から六世紀初頭にかけて、越の地域の首《しゅ》長《ちょう》が先進の文物を手に入れ、ヤマトを出し抜くほどになっていった。おそらく、継体天皇も、日本海と越の発展によって脚光を浴びたのであろう。

ならば、ヤマト建国ののち日本海勢力が復活するまでの歴史の流れを、おさえておきたい。

二世紀後半から三世紀の日本の歴史は、「魏志倭人伝《ぎしわじんでん》」の記事と考古学によって、ようやくぼんやりと輪郭が見えてきた。ただ、そのあとの四世紀が藪《やぶ》の中なのだ。中国の記録が途切れてしまい、日本の動きが見えてこない。

このころ朝鮮半島南部では、新羅《しらぎ》、百済《くだら》が誕生している。また、最南部の伽耶《かや》が、ゆるやかな連合体としてまとまったようだ。

日本では、前方後円墳が各地に伝播《でんぱ》し、成長と安定の時代に向かっていたことはたしかだろう。そして五世紀に動きがあった。まず、南下政策をとる高句麗《こうくり》に対し、朝鮮半島南部の国々は倭国に応援を要請した。遠征軍が送り込まれ、高句麗と倭国軍が戦ったと広開土王碑文《こうかいどおうひぶん》に記される。

そしてこののち、『宋書《そうしょ》』には倭国の五人の王が登場し、それぞれ爵位を求めたとある。これがいわゆる「倭の五王（讃《さん》・珍《ちん》・済《せい》・興《こう》・武《ぶ》）」で、『日本書紀』に登場する仁徳《にんとく》（あるいは履中《りちゅう》か応神《おうじん》）、反正《はんぜい》（あるいは仁徳）、允恭《いんぎょう》、安康《あんこう》、雄略《ゆうりやく》に比定されている。

宋は騎馬民族国家高句麗の存在に頭を悩ませていたから、倭国の半島遠征を評価していたのだろう。最後の武王には、「使持節都督倭新羅任那加羅秦韓慕韓六国諸軍事安東大将軍倭王《しじせつととくわしらぎみまなからしんかんぼかんろっこくしょぐんじあんとうだいしょうぐんわおう》」の称号を与えている。

本来ヤマトの王は、祭祀《さいし》に専念する弱い王であった。ところが、朝鮮半島に出兵をくり返しているうちに、東アジアにおける倭国の地位は上がり、「倭国王」は、存在感を増していったのだろう。祭司王だとしても、対外的には、立派な「王様」だ。しかし、大軍を迅速に動かすためには、強い王が求められるようになったのかもしれない。

『宋書』にいう武王は『日本書紀』に登場する第二十一代雄略天皇で、本来この人物は即位できる立場になかったが、クーデターまがいの行動を起こし、有力皇族や後押しをする豪族たちを討ち果たしてしまった。即位しても、誤って人を殺すことがあって、「大《はなは》だ悪《あ》しくまします天皇なり」と人びとに罵《ののし》られもした。

そのいっぽうで、改革事業にも着手したようで、中央集権国家の建設を目指した気配がある。良くいえば古代版織田信長のようなイメージか……。けれども、ミウチで殺し合いをしたこともあって、このあたりから政局は混乱し、結局第二十五代武烈天皇の代で、王統は途切れたのだ。そして、越から継体天皇が連れてこられたのである。

雄略天皇の強い味方は東国？

こうして見てくると、継体天皇出現の遠因を作ったのは、高句麗の南下であったことがわかる。風が吹けば桶屋が儲かるではないが、高句麗が朝鮮半島南部に攻め込んだことで倭国が遠征軍を送り、ヤマトの王家が発言力を増し、朝鮮半島の諸勢力から一目置かれるようになった。また雄略天皇は自ら強い王になろうと努めた。その結果、国内では豪族層との間に軋轢《あつれき》が生まれ、政局は混乱し、その隙に日本海勢力が復活し、継体天皇が出現したのだ。

継体天皇の出現に関しては、その出自や王朝交替の有無、あるいは、継体天皇が婿入りしたのかどうかが話題にのぼるが、なぜ越から天皇が現れたのかを探るためには、五世紀のヤマト朝廷の「実情」がはっきりとわからなければ、本当の歴史を明らかにすることはできないだろう。

そこで注目すべきは、雄略天皇なのだ。なぜこの人物、他を圧倒することができたのだろう。いくら中国側から高い爵位をえたからといって、日本列島の広大な土地を支配していたのは豪族たちであり、クーデターによって玉座《ぎょくざ》を手に入れたからといって、すぐに実権を握ったわけではなかっただろう。

『日本書紀』によれば、雄略天皇が寵愛《ちょうあい》したのは、渡来系のわずかな人たちだけだったという。雄略天皇は、孤立していた可能性がある。ところが、この王の時代に大きな変革があったことは、ほぼ間違いない。雄略天皇は、誰を味方につけて、並みいる豪族たちを圧倒したのだろう。

もうひとつ不思議なのは、『日本書紀』の態度だ。『日本書紀』は、「雄略天皇は残虐な人だった」ことを、印象づけようとしている気配がある。

雄略天皇はクーデターによって同母兄の二人の皇子を殺し、当時最大の勢力を誇っていた円大臣《つぶらのおおおみ》（葛城《かつらぎ》氏）も滅亡に追い込んだ。一人の皇子が円大臣を頼って館《やかた》に逃れたところを軍勢で囲んだのだ。円大臣は、次のように述べる。

「君主が臣を信頼し頼ってこられたのに、なぜ裏切ることができましょう」

と引き渡しを拒んだ。そこで雄略天皇は、館に火をかけ、皆殺しにしてしまったのだ。

もう一人、有力な皇位継承候補を狩りに誘い、だまし討ちにしてしまった。主を失った近習《きんじゆう》は皇子の屍《しかばね》を抱き、嘆き悲しみ、途方に暮れた。皇子の名を叫び彷徨《ほうこう》した。これを雄略天皇は、殺してしまった。

即位後も、事件を起こしている。ある女性に入内《じゆだい》要請を断られると、その夫婦を捕らえ、手足を縛り、焼き殺してしまった。些細《ささい》な出来事で、従者を殺してしまうこともあった。雄略天皇は「自分が正しい」と信じ、誤って人を殺すこともしばしばだったという。先述した「大だ悪しくましますます天皇なり」という記事はこれをいっている。

なぜ、『日本書紀』は雄略天皇を悪し様《ざま》に描くのだろう。これは、不思議なことだ。

そして、もしこれが本当のことなら、雄略天皇の人気は低かったはずで、なぜ改革事業を展開することができたのか、わからなくなってくるのである。

雄略天皇には強い味方がいて、しかも『日本書紀』編者は「雄略天皇のやり方」が気にくわなかったのではないかと思える節がある。すなわち、雄略天皇を「東国」が後押ししていたのではないかと、筆者は睨《にら》んでいる。そして、雄略天皇の始めた、「東国とタッグを組んで改革事業を展開する」という手法は、一度潰されるも、継体天皇の出現と蘇我氏の勃興《ぼっこう》によって、大きく発展していくのではないかと疑っている。だからこそ、継体天皇の謎を探るために、雄略天皇に注目してみたいのだ。

『日本書紀』編者は雄略天皇を嫌っていたのか？

雄略天皇と東国の関係を知る上で、少し遠回りしておきたい。吉備（瀬戸内海勢力）の盛衰についてだ。

すでに述べたように、ヤマト建国の主導権を握っていたのは吉備で、北部九州制圧後、日本海勢力とのライバル対決も制したのだった。このとき同盟関係にあった東海の尾張氏も、次第に衰退していった。この事態は、考古学からほぼ明らかだ。

なぜ尾張が負け組に入ってしまったのだろう。具体的にいうと、饒速日命《にぎはやひのみこと》の義兄の長髄彦《ながすねびこ》こそ尾張出身と、筆者は睨んでいる。そして、神武のヤマト入りに最後まで抵抗した長髄彦は、饒速日命に裏切られ、尾張の没落はこれで決定的になったと思われる（拙著『なぜ饒速日命は長髄彦を裏切ったのか』ＰＨＰ研究所）。それはともかく……。

ヤマト建国は、吉備の一人勝ちで終わったと思われる。だから吉備は四世紀から五世紀半ばにかけて、巨大な前方後円墳を造営していったのだ。吉備は零落《れいらく》した日本海勢力の末裔を九州から呼びもどし、祭司王に立てた。けれども、実権と実利を手放したわけではなかった。

ところが五世紀後半に、吉備の墳墓《ふんぼ》は、一気に規模を小さくする。『日本書紀』によれば、雄略天皇の時代、吉備は反乱を起こし、鎮圧されたという。先に触れた円大臣の葛城氏は、吉備と婚姻関係を結び、強い同盟関係を維持していたようだが、まず葛城氏が潰され、さらに瀬戸内海を支配する吉備も衰退してしまったわけである。

これは、ヤマト建国以来続いてきた体制が、根底から覆《くつがえ》された事件といっても過言ではない。問題は、これほど大きな政変劇を、なぜ、どのように、雄略天皇が成し遂げることができたのか、残虐な王に誰が従ったのか、ということである。

ここでまず片づけておかなければならないのは、なにゆえ『日本書紀』は雄略天皇を悪いイメージで語るのか、である。

もし現実に雄略天皇が悪い王だったなら、それを覆《おお》い隠すのが正史の「常套手《じようとう》段」ではないか。それにもかかわらず、悪い記事が残されたのは、それなりの理由があったからだろう。それは、単純なことで、『日本書紀』編者が、雄略天皇を嫌っていたからだろう。

雄略天皇が嫌いなら、「悪口」が飛び出すのはむしろ自然なことなのだ。『日本書紀』とは対極的な立場で編集された『万葉集』は、雄略天皇を特別視して、巻頭のみならず、節目節目で、栞《しおり》のように雄略天皇の歌をさしはさんでいる。『日本霊異記《にほんりょういき》』も、最初の話は雄略天皇で、「日本の新しい時代は雄略天皇によって切り開かれた」とでも言いたげではないか。

辺境や敗者とつながっていた雄略天皇と継体天皇

ここで、時代の大きな流れを見つめてみれば、ひとつの図式が見えてくる。雄略天皇が出現したころ、既得権益を振りかざしていた旧豪族、地域が没落する一方で、めきめきと力をつけていった場所があった。それが丹後《たんご》や東国で、とくに関東では、五世紀後半以降、畿内《きない》を除く日本列島で、もっとも巨大な前方後円墳を造営していくのである。

新興勢力の出現と雄略天皇の時代が重なるのは偶然なのだろうか。

稲荷山古墳（行田市）

雄略天皇と関東のつながりは、遺物からも明らかにされている。

稲荷山《いなりやま》古墳（埼玉県行田市《ぎょうだし》）から、金《きん》錯銘鉄剣《さくめいてっけん》が出土している。そこには、次の内容が刻まれていた。辛亥《しんがい》の年（四七一年と考えられている）七月にこの銘文が記されたこと、乎獲居臣《おわけのおみ》の上祖・意《お》富比垝《おひこ》（大彦命《おおひこのみこと》か）から八代の系譜を掲げた上で、乎獲居一族が代々杖刀人《じょうとうにん》（大王の親衛隊）の首《おびと》として大王に仕えていたこと、獲加多支鹵《わかたける》大王（雄略天皇）が斯鬼宮《しきのみや》で天下を治めているときに自分（乎獲居）がお助け（天下を佐治《さち》）し、この刀を作って、一族が王に仕えてきた由来を記した、というのである。

この銘文に登場する乎獲居臣が、関東土着の豪族なのか、あるいは畿内の豪族で鉄剣を関東の豪族に与えたのかはわからない。ただし、この時代の関東と畿内が、太いパイプでつながっていたことは間違いない。

もし仮に乎獲居臣が関東の豪族ならば、雄略天皇と東国との強い絆《きずな》を示している。事実、雄略天皇はそれまで低く見られていた地とつながっていったようなのだ。『日本書紀』の次の記事が、興味深い。雄略天皇を御陵《ごりょう》に葬るとき、隼人《はやと》は昼も夜も陵のそばで泣き叫び、食事も拒み、七日後に亡くなったとある。役人は陵の北側に墓を造って丁重に葬ったという。

このさり気ない記事は、無視できない。隼人は南部九州の人びとで、神武天皇と強い結びつきがある。そして、隼人は大伴氏《おおとも》ともつながっている。だいたい大伴氏の祖は、神武天皇とともに南部九州からヤマトにやってきた氏族だった。雄略天皇の時代、大伴室屋大連《むろやのおおむらじ》が活躍し、寵愛されていたが、大伴氏は東国の蝦夷《えみし》ともつながっていた。なぜか、大伴氏は辺境の民と接点をもっている。

問題は、雄略天皇の死を隼人が嘆いたこと、ヤマト建国の勝者に対し、ヤマト建国の敗者の側と辺境の民が手を組んで、新たな時代を切り開いた可能性が高いことである。

　そして、なぜ「雄略天皇と辺境」に注目したかというと、継体天皇も「敗者と共に復活した」可能性が高いからだ。継体天皇即位にもっとも貢献したのは大伴氏だったが、これも大きな意味をもっているはずである。

稲荷山古墳出土の金錯銘鉄剣（文化庁蔵）

継体天皇と蘇我氏のつながり

ヤマト建国の最後の勝者は吉備だったが、ちょうど同時期に天候不順が起き、飢《き》餓《が》によって不穏な空気が流れ、治政は思うようにならなかった。だから「出雲神《いずもしん》（日本海勢力）の祟《たた》り」と信じられたのだろう。つまり、祭司王として、出雲（くどいようだが日本海勢力）の末裔《まつえい》が九州からヤマトに連れてこられたというのが、本当のところだろう。

吉備は敗者を王に立てたが、名を捨て実を取ったのだ。ヤマト盆地から大和川《やまと》を下り、瀬戸内海、朝鮮半島とつながる古代版ハイウェイを吉備（物部氏）が牛耳《ぎゅうじ》り、富と権力を蓄えていったのである。

そして五世紀にヤマトの王家が次第に力をつけ、五世紀後半、東国の力を活用して雄略天皇が「強い王」を目指し、それまで主導権を握っていた吉備と葛城氏を潰しにかかったと思われる。もちろん、反動もあり、混乱の末、越の継体天皇が畿内に乗り込んだわけである。

ここであえて問題にしたいのは、継体天皇即位後、蘇我氏が勃興していることだ。それはなぜかといえば、継体天皇が蘇我氏の地盤で育てられたからではなかったか。越は、蘇我一族が多く暮らす土地でもあった。

『国造本紀《こくぞうほんぎ》』には、北陸地方で複数の蘇我系豪族が国造《くにのみやつこ》に任命されたと記される。継体天皇の母・振媛《ふるひめ》の故郷「三国《みくに》」の三国氏も、蘇我系だった可能性がある。したがって、継体天皇は蘇我系の土地で蘇我系の人びとに囲まれて育ったことになる。これは、無視できない。継体天皇と尾張の目子媛《めのこひめ》の間に生まれた二人の子・勾大兄皇子《まがりのおおえのみこ》と檜隈高田皇子《ひのくまのたかたのみこ》の「勾」と「高田」は、蘇我氏と縁の深い地名とされている。

あまり知られていないが、蘇我氏と東国も、接点がある。継体が育ち、蘇我系氏族が住んでいた越の地は『日本書紀』によって「蝦夷の住む土地」と蔑視されていたが、蘇我入鹿《いるか》の父親の名が「蝦夷」なのは、偶然ではあるまい。七世紀の蘇我氏全盛期に、蘇我本宗家《ほんそうけ》はガードマンに「東方儐従者《あずまのしとべ》（東国の屈強の者）」を選んでいる。

蘇我氏は東海の雄族・尾張氏とも強くつながっている。宣化天皇の時代には豪族たちに命令が下され、筑紫国に各地の屯倉《みやけ》（天皇の直轄領）から穀物を運ばせた。このとき、物部氏や阿倍《あべ》氏は同族の人間を差し向けたが、蘇我氏はなぜか、尾張氏を遣わした。まるで蘇我氏と尾張氏は同族か主従関係のように見える。

飛驒《ひだ》国造は蘇我系だが、飛驒市の寿楽寺《じゆらくじ》から出土した瓦は、尾張元興寺《がんこうじ》跡（愛知県名古屋市）の瓦と同じデザインだった。この瓦は大阪の野中寺《やちゆうじ》（羽曳野《はびきの》市）のものとよく似ていて、野中寺の瓦の系統をたどっていくと、聖徳太子建立《しようとくたいしこんりゆう》の若草伽藍《わかくさがらん》（創建法隆寺）の瓦に行き着くという。もちろん聖徳太子は蘇我系皇族で、若草伽藍と蘇我氏は密接につながっていたはずだ。

蘇我氏は尾張氏や東国とつながっていて、この人脈や地域性は、継体天皇と重なっている。継体天皇を後押ししていたのは東国に張りめぐらせた人脈であり、その中心に立っていたのは、蘇我氏と尾張氏であろう。

筆者は蘇我氏の祖の武内宿禰《たけのうちのすくね》をタニハ出身と考える（拙著『アメノヒボコ、謎の真相』河出書房新社）。武内宿禰はヤマト建国時、「タニハ連合」を主導した人物であり、神功皇后《じんぐうこうごう》とともに、九州に向かったと推理する。要するに、「日本海勢力」をまとめ上げた人物でもある。

すでに述べたように、最初、出雲は九州と手を組んで、強大な勢力を誇っていた。これに対抗すべく、タニハは近江や東海に鉄器を流し、ヤマトに進出したはずだ。出雲はあわててヤマトに靡《なび》いたのだろう。再度確認しておくが、出雲はこののち、日本海勢力の一員となり、吉備を中心とする瀬戸内海勢力との間の主導権争いに敗れたのだった。こうして日本海は零落し、ようやく五世紀末に、力を蓄え、復活したのである。

だから、継体天皇の即位は、「タニハ連合の復活」でもあった。蘇我氏が、このころから「蘇我」を名乗りはじめたのだとすれば、それは、「我れ蘇《よみがえ》れり」と宣言したかったからではあるまいか。

そもそも応神天皇五世の孫という継体天皇の系譜にも、暗示が込められているように思えてならない。継体はタニハ連合が生んだ王だったにちがいない。

磐井の乱のきっかけは継体天皇の豹変？

『日本書紀』は、継体天皇と蘇我氏の関係を無視している。その理由もはっきりしている。

蘇我氏の正体を抹殺することが、『日本書紀』編纂《へんさん》の最大の目的だった。『日本書紀』を編纂した政権は、蘇我氏を潰《つぶ》すことで権力を得た。だから、蘇我氏を悪役に仕立て上げなければ、政権の正当性をアピールできなかったのだ。そこで『日本書紀』はいくつものカラクリを用意して、蘇我氏の祖が「タニハ連合」の中心に立っていて、ヤマト建国に関わっていた歴史を神話の世界に封印した。だから、私見どおり継体天皇と蘇我氏が強く結びついていたとすれば、やはり、継体を後押しした蘇我氏の存在を隠蔽《いんぺい》してしまったに違いない。けれども、蘇我氏とつながっていた尾張氏が継体天皇と婚姻関係を結んでいたことから、蘇我氏と継体をつなぐ大きなヒントが得られたわけである。

ここまでわかったところで、磐井の乱の謎を解き明かすことが可能となる。

「旧タニハ連合＝負け組連合体」が、五世紀後半に力を蓄えるいっぽう、ヤマトの勝ち組（瀬戸内海勢力）は、守旧派となっていた。継体天皇は改革路線を打ちだし、鳴り物入りで越から畿内に入ったのだろう。

ただし、だからといって、ブルドーザーのように一気に政策転換できたかというと、なかなかむずかしかったはずだ。旧勢力の抵抗を受けたであろうことは、想像に難くない。迎えいれられたはずなのに、十九年間、なかなかヤマトに宮を築けなかったのも、継体天皇が守旧派の抵抗に遭《あ》っていたからだろう。

問題は、継体天皇がヤマトに入ったとき、前政権との間に、何かしらの妥協点を見出《みいだ》したのではないか、ということである。

そして、磐井の乱も、「即位後の政権内の駆け引き」に、原因が隠されているように思えてならない。

ひとつの仮説を用意してみよう。つまり、継体天皇が外交方針を旧政権寄りにすり替えたのではないかと思うのだ……。そして磐井が密かに継体の本来の外交方針を支持していたとすれば、豹変《ひょうへん》した継体に失望して反乱を起こしたのではなかったか……。

そこで、乱のいきさつを簡単に追ってみよう。継体二十一年（五二七）夏六月、朝鮮半島最南端の任那《みまな》を新羅から救おうと、継体天皇は近江毛野臣《おうみのけぬのおみ》に六万の軍勢を授けた。九州にさしかかったところで、筑紫国造・磐井が密かに反逆を企てた。ただし、なかなか実行できなかった。これを知った新羅は磐井に賄賂《わいろ》を贈り、毛野臣の遠征の妨害を働きかけた。磐井は火（肥）・豊《とよ》のふたつの国（肥前《ひぜん》・肥後《ひご》・豊前《ぶぜん》・豊後《ぶんご》）を支配下におき、歯向かってきた。海路を遮《さえぎ》り、毛野軍の行く手を阻《はば》んだ。このため毛野臣は遠征を断念した。

そこで継体天皇は、物部麁鹿火《もののべのあらかひ》を遣わした。継体二十二年（五二八）冬十一月、物部麁鹿火は筑紫の御井《みい》（福岡県久留米市。これが、高良山《こうらさん》の麓《ふもと》だ）で磐井を破ったのである。

『日本書紀』の記事を読んでも、なぜ磐井が反乱を起こしたのか、よくわからない。

筑紫君磐井は、第八代孝元《こうげん》天皇の子の大彦命の末裔で、阿倍氏とは同族だ。『国造本紀』によれば、大彦命五世の孫が筑紫国造に任命されたとある。

五世紀から六世紀にかけて、北部九州は朝鮮半島への遠征軍の兵站《へいたん》基地となり、負担が増え、磐井は耐えきれなくなった民の声を代弁して立ち上がったのではないかとする説がある。また、北部九州が独立を望んで立ち上がったのではないかとする説もある。さらに、「そもそもこの時代、北部九州はヤマト政権の領域に含まれていたのだろうか」という疑念も提出されている。

史学界には、不思議な思考があるように思えてならない。ヤマト建国以来、ヤマト政権は想像するほど広範囲を支配していたわけではなかったと考えることが理性的という風潮である。だから、磐井の乱を見て、「やはり北部九州は、ヤマトの言いなりにはならなかった」という発想につながるのだ。

しかし、ヤマトの版図《はんと》は、思いのほか広大だったのではあるまいか。たしかに、東北北部までは、影響力は及ばなかったかもしれない。しかし、東北南部には前方後円墳は伝わっていたし、北部九州の地理を考えた場合、独立は容易ではなかったはずなのだ。なぜなら、ヤマトから朝鮮半島に向かうルート上にあって、組み込まれる宿命を負っていたし、東からの攻撃に弱い地勢上の弱点を抱えていた。

五世紀のヤマト政権は、朝鮮半島に遠征軍を送り込んでいた。もし北部九州が敵対していれば、背後の憂《うれ》いを抱えた遠征軍が朝鮮半島で活躍できるはずがなかった。だからヤマト政権は、北部九州の独立を認められなかったのである。

そもそもヤマト建国の最大の目的は、弥生《やよい》時代の北部九州の一人勝ち状態からの脱却であって、北部九州との共存、併立ではない。ひとたびヤマトが勃興すれば、ヤマトと九州は並び立つことは不可能だった。北部九州には地勢上のアキレス腱《けん》があったのだから、北部九州のヤマトへの従属は宿命だったのだ。神功皇后が高良山のすぐ脇の山門県《やまとのあがた》の女首長を殺し、磐井が同じ高良山の脇で敗北したのも偶然ではなく、東から攻められたら、あそこに逃げるほか手はなかったのだ。

ふたつの日本、ふたつの外交戦略

なぜ、磐井は反乱を起こしたのだろう。磐井は挙兵したとき、近江毛野臣に対して、次のように述べている。

「今でこそ使者としてやってきたかもしれないが、昔はわがともがらとして、肩を擦り肘《ひじ》を触れながら、同じ釜の飯を喰《く》らった仲ではないか（共器《おなじけ》して同《とも》に食《くら》ひき）。なぜ使いとなったとたん、従わせようとするのか。そのようなことが、どうしてできよう」

ここにいう「共器同食」とは、同等の立場で結びつく慣習を指している。この磐井の言葉、妙にひっかかる。

一説に、地方豪族の二人が、中央に出仕していたときのことを指しているのではないかという。なるほど、雄略天皇の時代、すでに九州の豪族が文官となって朝廷に出仕していたことは江田船山古墳《えたふなやま》（熊本県玉名郡和水町《なごみ》）出土の鉄剣銘から明らかだが、この言葉には、もっと別の意味が隠されているように思えてならない。というのも、近江毛野臣《おうみのけぬのおみ》は蘇我系（武内宿禰の末裔）で、しかも「近江」とあるように、継体天皇と関わりのある氏族であった可能性が高いからだ。

かたや磐井は、越や東国と強く結ばれた阿倍氏の同族であり、阿倍氏はやはり継体天皇の出現とほぼ同時に、ヤマトで勃興する氏族だ。これは、蘇我氏とよく似ているし、蘇我氏と阿倍氏は、飛鳥周辺で仲良く肩を並べて成長していくのである。

磐井が怒ったのは、「話が違う」ということではなかったか……。要は、外交政策をめぐる、継体天皇とヤマトの前王家の間に交わされた、暗闘が原因であろう。

ヤマト建国直後の混乱を制した吉備は、「ヤマト→瀬戸内海→朝鮮半島」のルートを独占的に支配した可能性が高い。そして、吉備（物部氏）は、朝鮮半島南西部の百済と濃密な関係を結んだ。このルートを伝って、遠征軍は高句麗と闘ったのだろう。物部系の石上神宮《いそのかみじんぐう》で百済王の七支刀《しちしとう》が祀られるのも、物部氏が百済と結びついていたからだ。だから当然、六世紀にいたるヤマト政権の外交政策は、親百済であった。

これに対し五世紀末の越（日本海ルート）の発展は、新羅や伽耶との交流から生まれたと考えられる。ヤマトの王よりも先に越の王が王冠を手に入れているが、これは新羅や伽耶系のものだった。出雲の神々が新羅と結ばれていたように、山陰から北陸にかけての地域は、新羅や伽耶とのつながりが強かったのだ。

古代史の謎解きは、「瀬戸内海＋百済」「日本海＋新羅（伽耶）」のふたつのグループの相剋《そうこく》という視点で捉え直すと、面白いように解けてくる。

五世紀末のヤマト政権の混乱と疲弊によって何がもたらされたかというと、日本海勢力の急成長であって、国内のパワーバランスが崩れ、瀬戸内海が中心だったヤマトは、日本海勢力と手を組まざるを得なくなったのだろう。

そして、継体天皇は畿内に迎え入れられ、前王家の女性を娶り、新たな体制が布《し》かれたが、それでも、「外交問題をどうすべきか」「統一した政策を打ち出せるのか」は、流動的だったのではあるまいか。もちろん、継体天皇にすれば、新羅や伽耶と手を組みたかっただろうし、旧ヤマト政権にすれば、一歩も引けなかっただろう。

結局、朝鮮半島南部が争乱状態に陥ろうとしていたこの時代、何かしらの結論を

江田船山古墳出土の銀錯銘大刀（複製。和水町歴史民俗資料館蔵）

江田船山古墳全景（和水町教育委員会提供）

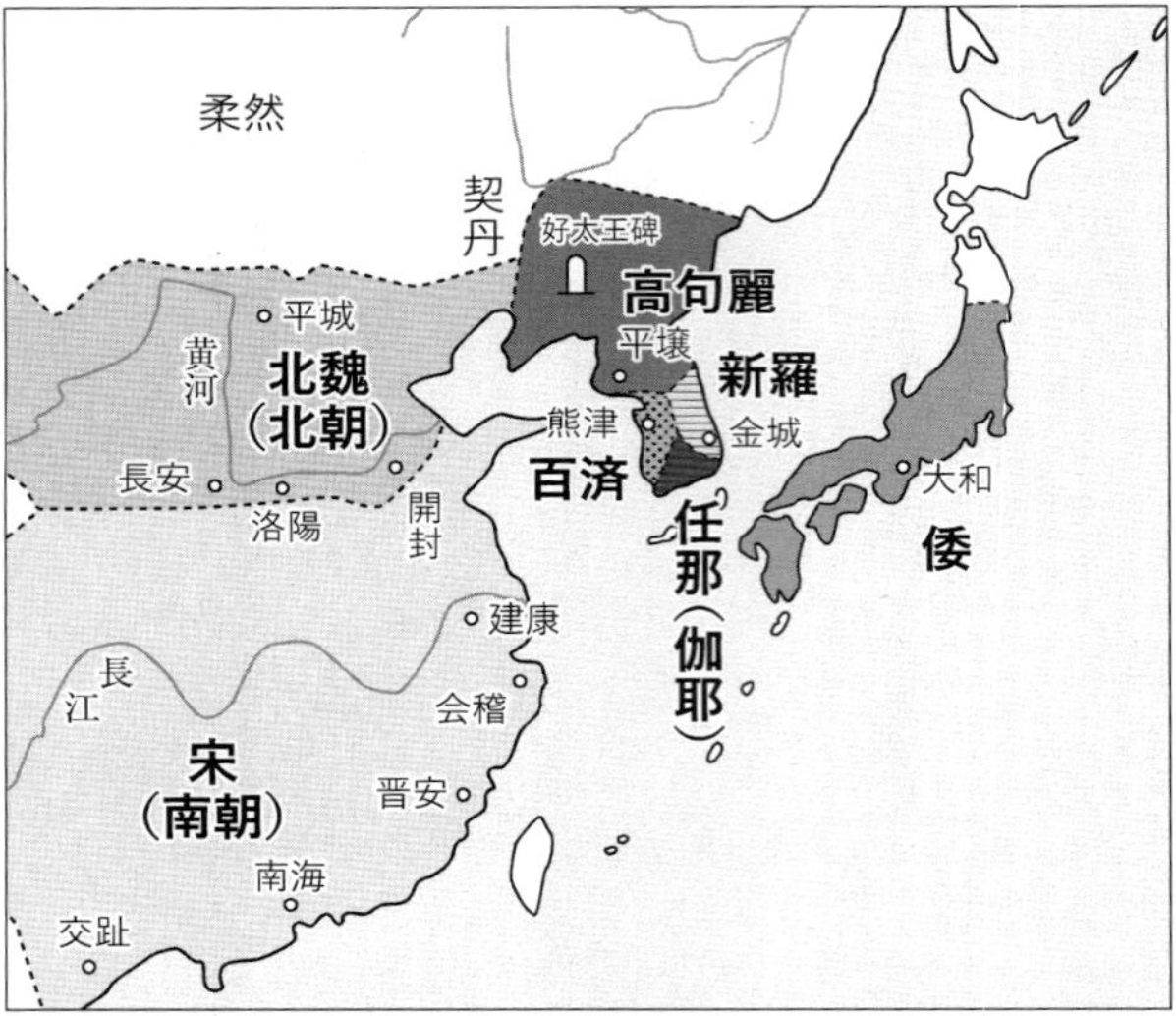

五世紀末の東アジア勢力図

出さねばならなかった。ついに継体天皇は折れて、親百済派の言い分を聞くことによって、ヤマト入りが果たせたのではなかったか。苦渋の選択だろうが、混乱を長引かせるわけにはいかなかったのだろう。そしてその直後、遠征軍は派遣され、磐井は「そんなはずじゃなかった」と憤慨し、反旗を翻したに違いない。

しかし、ヤマト政権内部の外交政策の「ブレ」は、こののち半島情勢に暗い影を落としていく。ヤマト政権の行動と判断はちぐはぐで、任那日本府と百済はことごとく対立したと『日本書紀』は記録する。この行き違いがなぜ起きたのか、大きな謎だったが、日本国内が「日本海と瀬戸内海」というふたつの大きな勢力の妥協の政権だったと考えれば、その意味がわかってくるはずなのである。

そして、この「ふたつの勢力の主導権争い」は、物部氏と蘇我氏の対立という形で、継承されていくのである。

第五章　丁未の乱の裏側

なぜ物部氏と蘇我氏は対立したのか

継体《けいたい》天皇の即位後、朝鮮半島情勢は混迷を極め、ヤマト政権は伽耶《かや》（任那《みまな》）の四つの地域を百済《くだら》に譲ってしまい、伽耶はヤマト政権を深く恨《うら》んだという。そして、東隣の新羅《しらぎ》も伽耶の地域に触手を伸ばし、欽明《きんめい》二十三年（五六二）、ヤマト政権の盟友だった伽耶は新羅に併呑《へいどん》され、滅亡してしまった。これは、ヤマト政権にとって、大きな痛手だった。

この間、ヤマト政権内部でもきな臭さは漂っていた。継体天皇崩御《ほうぎょ》ののち、安閑《あんかん》、宣化《せんか》天皇と、二人の尾張《おわり》系の天皇が続けて即位したが、宣化天皇崩御ののち、非尾張系（旧王家の女人《にょにん》から生まれた）欽明天皇が即位して、尾張系の王家は、ここに途絶えてしまう。これは、旧王家の巻き返しであろう。

それどころか、『日本書紀』は継体天皇崩御の直後、太子と皇子が同時に亡くなったという『百済本記』の記事を引用している。これはいったい何を意味するのであろう。

また、尾張系の皇子たちと欽明は、同時に併行して王位についていたのではないかとする説がある。これが二朝併立論なのだ。

決定的な証拠がないからなんともいえないが、少なくとも、「瀬戸内海勢力」と「日本海勢力」のせめぎ合いはすぐに決着がつかず、いくつかの悲劇が生み出されていた可能性は非常に高い。

そして、仏教公伝《こうでん》（五三八年あるいは五五二年）と丁未《ていび》の乱（五八七年）へとつながっていく。排仏派《はいぶつは》の物部守屋《もののべのもりや》が崇仏派《すうぶつは》の蘇我馬子《そがのうまこ》に滅ぼされる事件だ。

この事件、宗教戦争だったと『日本書紀』は言うが、原因はまったく異なる。蘇我氏と物部氏の間には、改革事業と外交政策をめぐる思惑の違いが横たわっていたのである。

外交問題については、前章で述べたとおりだ。蘇我氏は日本海勢力の利益を代弁し、新羅や伽耶を支持していただろう。かたや物部氏は、瀬戸内海勢力そのもので、百済を支持していた。両者の外交政策は、相容《あいい》れなかった。

それだけではない。蘇我氏といえば、天皇家を蔑《ないがし》ろにし、改革事業の邪魔だてをしたと信じられてきた。それは、『日本書紀』にそう書いてあったからだが、研究が進むにつれて、次第に、かつての常識は覆《くつがえ》されようとしている。蘇我氏は、「意外にいいヤツだった」疑いが出てきたのだ。

たとえば六世紀の蘇我氏は（信じられないかもしれないが）、王家の力を相対的に強めようと、屯倉《みやけ》（天皇家の直轄領）を増やすために尽力していたのだ。蘇我氏は天皇の外戚《がいせき》になることによって、盤石《ばんじやく》な体制を布《し》こうと考えたようだ。要するに、娘を天皇に嫁がせ、生まれ出た子を即位させ、蘇我系の天皇の権威を活用しようと考えたのだろう。だから、天皇家を守《も》り立て、中央集権国家の建設を目指したのだ。

そしてこの流れは、律令《りつりよう》制度の導入につながっていく。この蘇我氏の大手柄を横取りしたのが、中大兄皇子《なかのおおえのみこ》と中臣鎌足《なかとみのかまたり》であって、中臣鎌足の子の藤原不比等《ふじわらのふひと》が権力者だった時代に編纂《へんさん》された『日本書紀』の中で、蘇我氏の正体は抹殺されてしまったのだ。『日本書紀』はヤマト建国の真相も闇に葬ってしまったが、それはなぜかといえば、蘇我氏の祖の武内宿禰《たけのうちのすくね》が偉大な功績を残したからであり、また、武内宿禰の血が王家に流れている事実を藤原不比等は歴史から消し去りたかった。そうしなければ、蘇我入鹿《いるか》暗殺の大義名分が整わなかったのである。

この「改革者としての蘇我氏」という新事実がわかっていないと、六世紀の歴史もわからない。そして、なぜ物部氏と蘇我氏が争ったのか、その本質に近づくことはできないのである。

さらに、われわれはこれまで、「改革者としての物部氏」に気付かずにいた。物部氏の自己犠牲がなければ、今日の日本はなかったと言っても過言ではない。もちろん、このあたりの歴史も、『日本書紀』によってきれいさっぱり削り落とされてしまった。だが、蘇我氏のみならず、「物部氏の献身」に感謝しなければ、バチが当たるのだ。このあたりの事情も、ひとつひとつ説明していこう。

くり返された仏教排斥

ではなぜ、物部氏と蘇我氏は争ったのだろう。まずは、『日本書紀』の言い分にしたがって、仏教をめぐる争いのいきさつを追ってみよう。ここから先、具体的なストーリーが増えていく。

仏教が正式に日本に伝えられたのは、欽明十三年（五五二）のこと、百済の聖明《せいめい》王《おう》が仏像や経典をもたらしたと『日本書紀』は言う。いっぽう『元興寺伽藍縁起《がんごうじがらんえんぎ》幷流記資財帳《ならびにるきしざいちょう》』や『上宮聖徳法王帝説《じょうぐうしょうとくほうおうていせつ》』などには、それよりも十四年前に仏教は日本に伝わっていたとあるが、はっきりしたことはわからない。私的に伝わっていた仏教もあったはずだ。

さて、百済の聖明王は、仏教のすばらしさを手紙に託して日本に伝えた。欽明天皇は大いに喜ばれたが、仏教をそのまま独断で受け入れてよいものかどうか大いに迷われ、群臣《ぐんしん》に問いただした。

蘇我大臣稲目宿禰《おおおみいなめのすくね》は、次のように奏上した。

「西蕃諸国《せいばんしょこく》はみな、こぞって礼拝《らいはい》しております。我が国だけが背くことはできません」

物部大連尾輿《おおむらじおこし》と中臣連鎌子《むらじかまこ》は、反論した。

「我が国の衆生《しゆじょう》は、常に天地の多くの神々を祀《まつ》ってまいりました。今これをやめて、蕃神《あたしくにのかみ》を礼拝すれば、国神《くにつかみ》の怒りを買うでしょう」

そこで天皇は、蘇我稲目に仏像を授け、ためしに礼拝させてみたのだった。

蘇我稲目は大いに喜び、小墾田《おはりだ》の自宅に安置した。仏道の修行をし、向原《むくはら》の家を清めて寺にした。

ところがこののち、国内に疫病が蔓延し、死者がでた。物部尾輿たちは奏上して、次のように訴えた。

「われわれの言葉を信じなかったために、このような事態を招いたのです。一刻も早く、仏像を捨てるべきです」

天皇も同意し、仏像は難波《なにわ》の堀江に流され、寺には火がかけられた。

ほとんど同じ事件が、それぞれの子どもの代にもう一度起きる。

敏達《びだつ》十三年（五八四）、百済から持ち帰られた弥勒《みろく》の石像を蘇我馬子が手に入れ、女人たちを得度《とくど》させ、尼僧《にそう》にした。仏殿を造営し、弥勒の石像を安置した。また馬子は、石川の家（奈良県橿原市石川町）にも仏殿を建てた。

「仏法」はここに興《おこ》ったと『日本書紀』は言う。

けれども、仏教徒の受難は続く。

敏達十四年春二月、蘇我大臣馬子宿禰は、大野丘《おおののおか》の北に塔を建て、舎利《しやり》を納めたが、病の床に臥《ふ》せてしまった。占ってみると、「父稲目のときに祀った仏が祟《たた》っている」と言う。また、国に疫病がはやって、人びとが亡くなっていった。

三月、物部弓削守屋大連《ゆげのもりやのおおむらじ》と中臣勝海大夫《なかとみのかつみのまえつきみ》が奏上した。

「どうして、われわれの意見が聞き届けられないのですか。先帝の代から今に至るまで国内で疫病が蔓延していて、このままでは国が滅びます。それはひとえに、蘇我臣が仏法を信仰しているからにほかなりません」

天皇は納得し、仏法をやめさせようとした。

物部弓削守屋大連は寺に押しかけ、塔を切り倒し、火を放った。仏像や仏殿は燃え落ち、焼け残った仏像は、難波の堀江に捨てられた。さらに、馬子のもとで修行をしていた善信《ぜんしん》らの尼僧を引き渡すように要求した。馬子は悲しみ嘆きつつも、命令には逆らえないと尼僧らを引き渡したのだった。尼僧の法衣《ほうえ》ははぎ取られ、監禁され、海柘榴市《つばきち》の駅舎《うまや》で鞭《むち》打ちの刑に処せられた。

ところがこののち、天然痘《てんねんとう》の流行で、高熱で泣きながら死んでいく者があとを絶たなかった。老いも若きも、密かに噂して「これは仏像を焼いた罪だろうか」と言い合った。

六月、馬子が奏上して「仏の力にすがりたい」と申し上げると、天皇は「馬子一人が仏法を信仰し、そのほかの人びとは禁止する」と仰せられ、尼僧たちを返した。

八月、敏達天皇は発病し、亡くなられた。

蘇我馬子が佩刀《はいとう》して誄《しのびごと》を申し述べていると、物部守屋が笑い、

「まるで矢で射られた雀のようだ」

とからかった。今度は守屋が誄を申し述べると、緊張のあまり、手足が震えた。

馬子は失笑し、

「鈴をつければよいのに」

と言った。このため二人は、恨みを深く抱いたという。

皇位継承問題と物部氏

ここまでが、「崇仏派の受難劇」であり、ここから、反撃が始まる。蘇我馬子が多くの皇族とともに、物部守屋を襲うのだ。

ただし、ここに大きな謎《なぞ》が隠されている。というのも、当時、物部氏も仏寺を建《こん》立《りゅう》していたことがわかってきているからだ。百済と強くつながっていた物部氏が、

百済からもたらされた仏教に猛烈に反発するという『日本書紀』の記事は、どうにも胡散臭《うさん》い。また、物部系の『先代旧事本紀《せんだいくじほんぎ》』は、物部守屋と蘇我馬子の戦闘を記録していない。

それだけではない。『日本書紀』は物部守屋が敗れ物部氏は滅んだかのような書きぶりだが、『先代旧事本紀』は「物部守屋は傍流で、本流はしっかりと生き残っている」と記している。これが「蘇我氏に徹底的に潰《つぶ》された物部氏の証言」だから、無視できない。物部氏と蘇我氏の争いは、本当に起きていたのだろうか。そしてそれは、本当に、仏教導入をめぐるいさかいだったのだろうか。

この先、物部氏と蘇我氏の対立は、皇位継承問題がからんでくる。以下、その様子を追ってみよう。

敏達天皇崩御ののち即位したのは「蘇我腹」の用明《ようめい》天皇で、はじめて蘇我氏が天皇家の外戚になり、物部守屋は危機感を募らせていく。

そこで物部守屋は、穴穂部皇子《あなほべのみこ》を後押ししていく。ただ、穴穂部皇子は、問題児だった。

用明元年（五八六）夏五月、穴穂部皇子は炊屋姫《かしきやひめの》皇后《きさき》（敏達の皇后で、のちの

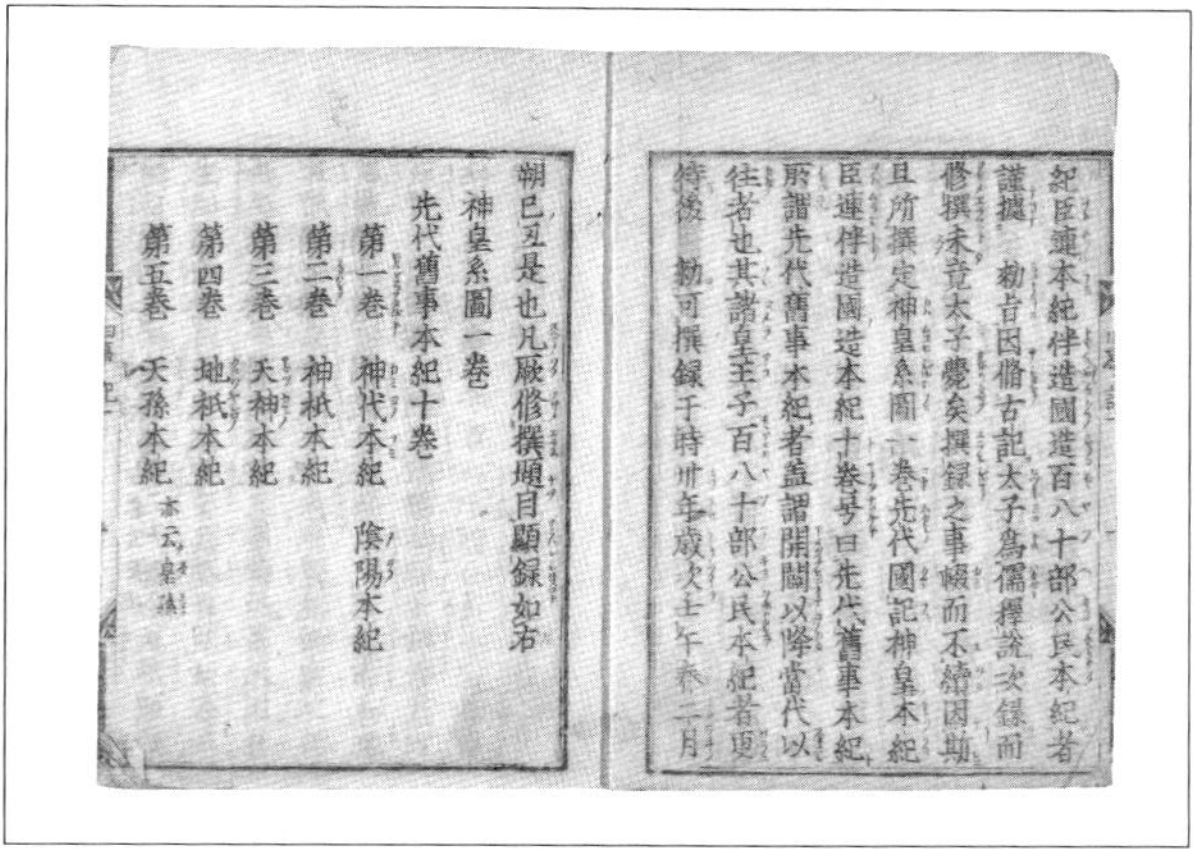

物部氏の氏族伝承を伝える『先代旧事本紀』（国立国会図書館蔵）

推古《すいこ》天皇）を手込《てご》めにしてしまおうと、殯宮《もがりのみや》に闖入《ちんにゅう》を試みた。だが、皇后の寵臣・三輪君逆《みわのきみさかう》が阻止すると、激怒した穴穂部皇子は三輪君逆の態度を馬子と守屋に報告し、また、密かに天下の王になろうと決意した。

穴穂部皇子は三輪君逆を殺そうと考え、物部守屋とともに兵を挙げた。三輪君逆はいったんは逃れたものの、物部守屋に殺された。蘇我馬子は、

「天下が乱れるのも、そう遠い話ではないだろう」

と嘆くと、物部守屋は「おまえのような小物の知ったことではない」と吐き捨てた。三輪君逆は敏達天皇に寵愛され重

用されていたから、炊屋姫皇后と蘇我馬子は、穴穂部皇子を恨んだ。

用明二年（五八七）夏四月。新嘗祭《にいなめさい》の最中、天皇は発病し、宮に帰ってくる。群臣を前に天皇は、

「朕《われ》（私）は、三宝《さんぼう》（仏教）に帰依《きえ》しようと思うが、お前たちは協議しなさい」

と言うので、論議が始まった。物部守屋と中臣勝海が「国神に背いて他神《あたしかみ》を敬うことなどできない」と主張すると、馬子は「お助けすべきで、異議などない」と発言した。

この混乱の中、用明天皇は崩御した。

翌五月、物部守屋の軍勢が、三度気勢をあげ、人びとを驚かせた。守屋は穴穂部皇子を皇位につけようと画策し、皇子とともに「遊猟《かり》」にかこつけ、淡路《あわじ》に向かおうとした。だが、計画は漏れ、炊屋姫尊（推古）の詔《みことのり》によって、蘇我馬子は兵を差し向け、穴穂部皇子は殺されたのである。

秋七月、蘇我馬子は物部守屋討伐軍をまとめて、渋河《しぶかわ》（八尾市北西部と東大阪市南西部の一帯）の物部守屋の館を囲んだ。厩戸皇子《うまやとのみこ》（聖徳太子《しょうとくたいし》）ら、多くの皇族も参加した。

現在の四天王寺(大阪市天王寺区)

物部守屋の守りは堅く、これを破ることはできなかった。戦況を見守っていた聖徳太子は、白膠木《ぬりで》（霊木）を切って、次のような誓願を立てた。

「もし敵に勝たせていただければ、かならず護世四王《ごせしおう》（四天王《してんのう》）のために、寺（のちの四天王寺、大阪市天王寺区）を建立いたしましょう」

馬子も誓願して総攻撃をかけ、ようやく守屋を破ることができた。これが、物部氏と蘇我氏の長い闘争の歴史である。

物部出身の女性を利用して蘇我氏は物部氏の財を奪った？

物部氏と蘇我氏は、仏教導入をめぐる争いで衝突し、物部守屋は聖徳太子の「護世四王への願掛け」によって敗れた……。これが、『日本書紀』の言い分である。『日本書紀』という文書は、じつにうまく作り込んでいる。いたる場所に「目くらまし」が用意されているのだ。物部氏と蘇我氏の争いも、まさに、歴史をすり替えるカラクリに満ちている。

たとえば、『日本書紀』は、蘇我氏が物部氏と婚姻関係を結んで、それで悪だくみをしたかのような記事を載せる。

時の人、相謂《あひかた》りて曰《いは》く、「蘇我大臣《そがのおほおみ》の妻《め》は、是物部守屋大連《これもののべのもりやのおほむらじ》の妹《いろも》なり。大臣《おほおみ》、妄《みだり》に妻の計《はかりこと》を用《もち》ゐて、大連《おほむらじ》を殺《ころ》せり」といふ

ここには、蘇我馬子の妻は物部守屋の妹だったこと、馬子はそれを利用して守屋

を殺した、とある。具体的にどのような計略を用いたのかは、はっきりしない。しかし、陰謀を駆使したイメージだ。

皇極《こうぎょく》二年（六四三）に次の記事がある。蘇我蝦夷が蘇我入鹿に勝手に紫冠《しかん》を授けたことを、大臣の位になぞらえたといい、さらに、

「入鹿の弟を名づけて物部大臣と呼んだ。大臣の祖母（要するに入鹿の祖母であり、馬子の妻である）は、物部弓削大連の妹である。したがって蘇我氏は、母系の物部の財産を頼りに、大きな顔ができた」

と言う。

物部の財を横取りして力をつけ、恩を仇《あだ》で返すかのように、物部を滅ぼしてしまったといいたいのだろう。

加藤謙吉は『蘇我氏と大和王権』（吉川弘文館）の中で、蘇我氏の経済的、軍事的基盤である「ソガ部」と、「物部」との重複率が異常に高いと言い、物部守屋が滅んだあと、物部守屋の支配していた民や土地は蘇我氏に収奪された、と結論づけた。

「蘇我氏＝大悪人」というかつての常識で考えれば、たしかに、物部氏の土地に蘇

我氏が進出していれば、「奪い取った」としか思えないのだろう。しかし、本当にそうなのだろうか。

すでに触れたように、物部系の文書『先代旧事本紀』は、物部守屋と蘇我氏の争いそのものを記録していない。しかも、物部守屋は物部氏の本宗家《ほんそうけ》ではなかったと指摘し、さらに、蘇我入鹿に物部氏の血が入っていることを誇らしげに特記している。これは、無視できない。

もし、『日本書紀』が言うとおり、蘇我入鹿が大悪人であれば、むしろ隠してもよい記事であった。憎むべき蘇我馬子の孫が蘇我入鹿であり、もし物部守屋の妹が蘇我氏に嫁いで、利用され、土地と民を奪われたのなら、それこそ恨みつらみを文書に込めただろうに、なぜ「蘇我入鹿は物部系だった」と書き残したのだろう。

日本を代表する巫女になった物部鎌姫大刀自連公

『元興寺伽藍縁起幷流記資財帳』には、興味深い記事が残されている。ちなみに元興寺（法興寺《ほうこうじ》、飛鳥寺《あすかでら》）は、蘇我氏と関わりが深い寺院で、日本初の本格寺院（法《ほう》師《し》寺《じ》）として知られている。

『元興寺伽藍縁起幷流記資財帳』は、物部氏と中臣氏による排仏運動と、和解の歴史を克明に描いている。その中に、大々王なる人物が登場する。記事を総合すれば、推古天皇（炊屋姫尊）に当てはまるのだが、だからといって、推古天皇そのものと考えると、色々と矛盾が出てくる。たとえば大々王は聡耳皇子《とみみのみこ》（聖徳太子）を「わが子」と呼び、物部氏に向かって「わが眷属《けんぞく》（一族）と呼びかけている。『日本書紀』は推古天皇を欽明天皇と堅塩媛《きたしひめ》（蘇我稲目の娘）の間に生まれたと言っているし、聖徳太子は用明天皇の子だから、この呼びかけは、謎めく。

いっぽう『先代旧事本紀』にも謎めく女人が登場する。推古十六年（六〇八）に物部鎌姫大刀自連公《もののべのかまひめのおおとじのむらじきみ》なる女人が現れる。参政《まつりごとあずかり》となって神宮を斎奉《いつきたてまつ》ったとある。さらに、宗我嶋大臣《そがしまのおおおみ》（蘇我馬子）の妻となり豊浦大臣《とゆらのおおおみ》を産んだという。豊浦大臣とは蘇我入鹿のことを指しているとも言っている。

これも不思議な記事だ。「まつりごと」を委《ゆだ》ねられたというから、日本を代表する巫女《みこ》となって神を祀ったのだろう。ただし、物部鎌姫大刀自連公は、天皇の親族の女性が担うべき役目を任されたのだし、「祭政一致」という視点から言えば、国政に大きな発言力をもっていた可能性まで出てくる。

第一回目の遣隋使《けんずいし》で、隋の文帝《ぶんてい》は「日本の統治システム」にあきれかえったという。「倭王は天を兄（姉）、日を弟としている。兄は太陽が昇らないうちに政を聴き、日が昇れば、政務を弟に委ねる」と、日本の使者は報告したからだ。これは、「魏《ぎ》志倭人伝《しわじんでん》」に描かれた卑弥呼《ひみこ》と弟の関係に似ている。すなわち、神を祀る姉と、実務を司《つかさど》る弟の関係で、六世紀にいたるまで、祭政一致の慣習は残っていたことになる。やがてこの伝統は、天皇と伊勢斎王《いせさいおう》という形になって引き継がれていったのだろう。

問題は、統治システムが改まりつつあった時代とはいえ、物部系の女人が祭祀に大きく関わり、しかも、蘇我氏全盛期に政局の中心に立っていたということだ。しかも、物部氏と蘇我氏双方の後押しを受けていたのだとすれば、影響力の強さは、想像にあまりある。

『日本書紀』は「物部氏と蘇我氏は犬猿の仲で、蘇我氏は物部氏の女人を悪用した」と言うが、物部鎌姫大刀自連公が「参政」になったという話は、たんなる「悪用」「陰謀」とは思えない。しかも、物部鎌姫大刀自連公は、どこか『元興寺伽藍《がんごうじがらん》縁起《えんぎ》幷《ならびに》流記《るき》資財帳《しざいちょう》』に登場する大々王に似ている。

大々王は物部氏に向かって「わが眷属よ」と呼びかけ、蘇我系皇族・聖徳太子に対し、「わが子よ」と呼びかけている。これは、物部鎌姫大刀自連公が物部氏出身で子が蘇我入鹿だったという話に、そっくりではないか。

いや、聖徳太子と蘇我入鹿は政敵ではないか、と思われるかもしれない。けれども、二人は、似た者同士なのである。二人の意外な接点については、乙巳《いっし》の変のくだりで紹介する。

物部系の巫女が仏教を擁護した意味

ここで注目しておきたいのは、『元興寺伽藍縁起幷流記資財帳』の中で大々王が発している言葉だ。

それは、物部氏や中臣氏ら仏教排斥派を前にして、大々王が和解を呼びかける場面である。

大々王は天を仰いで涙し、次のような懺悔《ざんげ》の言葉を述べられた。

「わが現在の父母、そして眷属（一族）たちは、愚かで邪《よこしま》な誘いに乗って、三宝《さんぼう》（仏法僧《ぶつぽうそう》）を「破滅焼流」してしまった。私は後宮《こうきゅう》を尼寺とし、法師寺を造り、丈《じょう》六《ろく》（仏像）を二体造った。そして多くの寄進《きしん》を行なったが、これはひとえにこの功《く》徳《どく》をもって、わが父母、そして眷属の仏法を焼流させた罪をあがない、除いてほしいと願ったから……。だから仏に誓願したのは次のことであった。それは、こうして造り終えたふたつの寺や二体の仏像を、二度と破らず、流さず、裂かず、焼かず、寺に納めた諸々の物を、二度と盗《と》らず、犯さないことを。もしこのふたつの寺や二体の仏像を軽んじ、焼き、流すことあらば、もしこの仏に寄進した物を盗るようなことあらば、かならず災難が降りかかりますことを。そしてもし、信心篤《あつ》く、供養うやうやしく、修める豊かな心があれば、仏法の褒美《ほうび》をちょうだいし、身命は長く安らかに、数々の福を得ますことを……」

このように「大々王」が述べられると、大地は揺れ動き、雷雨が降りしきり、あたりを清めた。この言葉を聡耳皇子《とみみのみこ》（聖徳太子）が、群臣に語りかけ、これを聞いた中臣連、物部連ら群臣たちは、心をひとつにして以後、三宝の法を破らないと、誓ったのである。

『元興寺伽藍縁起幷流記資財帳』の中で、大々王は、推古天皇と同じように、皇族として描かれている。だから、当然推古天皇に比定《ひてい》されている。ところが、大々王は物部氏らを指して「わが眷属」と呼びかけて、ミウチに諭すように、もう仏教排斥はやめようと呼びかけている。内容は、敵対勢力に対する口調ではない。明らかに、ミウチの行動を恥じ、懺悔している。やはり、『元興寺伽藍縁起幷流記資財帳』の大々王は、『先代旧事本紀』の物部鎌姫大刀自連公《もののべのかまひめのおおとじのむらじきみ》にそっくりなのだ。

物部鎌姫大刀自連公は「参政」となって、神宮を奉斎《ほうさい》する巫女になった。ヤマト政権の宗教儀礼の中心に立ったのだろう。その最高の巫女が、「仏教を破壊してはならない」と宣言した意味も大きい。

蘇我氏が仏像を祀ったとき、日本で最初の僧は女性だった。これは、「神を祀るのは巫女」という発想があったからだろう。いわば、日本的宗教観の中に、仏教を取り込んだのだ。だからこそ、物部系の女人が「仏教に帰依しよう」と呼びかけたことが、大きな意味をもっていたはずなのだ。

物部氏の衰弱と前方後円墳体制の終焉

それにしても、なぜ『先代旧事本紀』と『元興寺伽藍縁起幷流記資財帳』に、暗号めいた説話が残され、ふたつの話を重ねてみると『日本書紀』とは異なる人脈と風景が見えてくるのだろう……。

『日本書紀』がすり替えてしまったこの時代の真実が、まだまだいたるところに転がっている感触がある。

ここで注目したいのは、『日本書紀』の記す「丁未の乱（物部守屋の滅亡　五八七）」とほぼ同時代に、ヤマト建国以来続いた前方後円墳体制が終焉したことだ。物部氏を中心とする仏教排斥派が改心したとたん、前方後円墳も造営されなくなった。ここに、新たな宗教観が誕生し、またヤマトをまとめる統治システムが刷新されたことは言うまでもない。

そして、ヤマト建国来、物部氏がこの国の中心に立っていたであろうこと、長く続いた一極支配がようやく崩れはじめたことも、これでよくわかる。これは何を意味しているかといえば、三世紀から六世紀まで、瀬戸内海（吉備《きび》）が、主導権を握りつづけていたということであり、さらに、六世紀後半以降「日本海勢力」と妥協し、新体制が構築されたということである。

七世紀になると、律令体制への移行が模索されていく。隋や唐《とう》で生まれた「律令（法律）」を基本にした統治システムが求められたのだ。それまでの日本列島では、豪族たちが広大な領土と支配民を保有し、それぞれが覇《は》を競い、国としてのまとまりに欠けていたのだ。しかしこれでは、流動化する大陸、半島情勢に対処することはできない。なにしろ、朝鮮半島に遠征軍を派遣するといっても、「国家の軍隊」というよりも、「豪族の私兵をかき集めた」と言った方が正確だった。これでは、王家も豪族たちに頭が上がらない。

そこで法律を整備し、土地をいったん国家のものとして、戸籍を作り、農地を公平に分配し、兵役と労役を課すというシステムの構築が急がれたのである。

もちろん『日本書紀』は、この改革を邪魔だてしたのが蘇我氏だと印象づけることに成功している。けれども実際には、改革派は蘇我氏の方であった。

このあたりの事情は次章で再び触れるが、ここで強調しておきたいのは、物部氏の立場である。

痛みを伴う改革が成し遂げられたのは物部氏のおかげ

物部氏はヤマト建国来、瀬戸内海の流通を牛耳《ぎゆうじ》り、日本海の流通を制限することによって、巨万の富を手に入れた。また、瀬戸内海から先の百済と強く結びつき、先進の文物を手に入れていった。

関門海峡の両岸に拠点を設けたことからも、流通を支配していた物部氏の強さがはっきりとわかる。奈良県と大阪府の境、大和川《やまとがわ》の出口に、物部氏は陣取り、政権中枢と瀬戸内海の往来に、つねに眼を光らせていた。関門海峡、吉備、八尾市周辺をおさえるということは、日本の流通を支配することにも通じていたのだ。ちなみに、なぜ吉備が重要かといえば、瀬戸内海の東西の潮の満ち引きが、ちょうど吉備のあたりで折り返すから、通行する者は吉備で潮待ちをしなければならなかったのである。

それはともかく、物部氏は最大の豪族で、日本各地に広大な領土と私民を保有していた。西日本のみならず、彼らは東国にも進出している。物部氏の発言力の源泉は、これらの私地私民であった。ところが律令制度は、公地公民《こうちこうみん》を原則とし、豪族から土地と民を吸い上げてしまう。見返りに、官位や禄《ろく》（サラリー）を下賜《かし》されるが、地位の世襲は原則として許されなかった。

律令が整う直前、豪族たちは既得権益に守られていたから、律令整備によって不利益がもたらされると考えたのだろうし、不安が募ったであろうことは、間違いない。

古代の改革事業が、教科書にあるように、計画どおり順番に、すんなり行なわれたと考えるのは、想像力の欠如というものだ。近代の廃藩置県《はいはんちけん》などとは比べものにならないほどの抵抗があったにちがいない。秩序そのものが、ひっくり返るのだ。財産が、すべて国家のものになるのだ。これほどの大改革が、なぜ時間の経過とともに、すんなり進むだろう。

『日本書紀』の言うように、「蘇我入鹿を殺したから、大化改新《たいかのかいしん》を断行できました」という単純な問題ではなかった。改新之詔《かいしんのみことのり》を多くの民は熱狂的に歓迎したというが、逆に、日本中の豪族から罵声《ばせい》を浴びせられた可能性は高い。

当然、物部氏は逡巡《しゅんじゅん》しただろうし、抵抗もしただろう。物部氏全体を見渡せば、色々な意見が湧《わ》きあがったにちがいない。徹底抗戦に出たかもしれない。あるいは、新たな潮流に身を委ねるべきだと考える者もいただろう。

よくよく考えてみれば、律令制定はトリックに近いことだった。痛みを伴う改革を日本中の豪族に強要しなければならない。かといって、当時のヤマト朝廷が日本中を敵に回して圧倒できる武力を独自に保持していたとも思えない。ならば、なぜ、律令は完成し定着したのだろう。それは、物部氏が「オトナだった」からではあるまいか。

律令の整備を目論《もくろ》む側からすれば、物部氏を抱き込むことが、なによりも大切なことだった。最大の豪族で広大な領土を保有する物部氏が率先して土地と民をさしだしてくれれば、日本各地の豪族も、しぶしぶながら物部氏のあとに続いただろう。

つまり、物部氏と蘇我氏の戦いの歴史は、仏教導入をめぐる争いというよりも、律令制度をふくめた新体制に移行するときに生まれた軋轢《あつれき》と考えた方が、真相に近いはずなのである。

そして、「日本のため、子孫のため」と、物部氏は歯を食いしばり、私欲を捨て、広大な領土と多くの民を手放したのではなかったか。

そう考えると、日本の発展にもっとも寄与したのは、物部氏だったことになる。われわれは、物部氏にいくら感謝しても、足らないのである。

第六章　上宮王家滅亡事件の真相

蘇我入鹿の専横をどう考えればよいのか

古代史最大の悲劇といえば、皇極《こうぎょく》二年（六四三）十一月に起きた上宮王家《じょうぐうおうけ》滅亡事件ではないだろうか。聖徳太子《しょうとくたいし》の子の山背大兄王《やましろのおおえのみこ》と一族が、滅亡した事件だ。蘇我入鹿《そがのいるか》の差し向けた軍勢によって、山背大兄王は自滅の道を選んだ。ここに、聖徳太子の血統は完璧に途絶えてしまったのである。

蘇我入鹿は、なぜ悪魔のような行動に出たのだろう。

『日本書紀』によれば、蘇我入鹿は一人で謀《はか》って、上宮王家（聖徳太子の末裔《まつえい》の一族）を廃し、古人大兄皇子《ふるひとのおおえのみこ》を天皇に立てようと画策したと言う。また分注には、蘇我入鹿は、上宮王家に威光があると天下にとどろき渡っていることを憎み、分際をわきまえず自分を天皇になぞらえたとある。

この記事の直前の記事に、次のようにある。十月六日、蘇我蝦夷《えみし》は病に臥《ふ》せって参内《さんだい》しなかった。密かに紫冠《しかん》を子の蘇我入鹿に授け、大臣《おおおみ》の位になぞらえた。また、蘇我入鹿の弟を物部大臣《もののべのおおおみ》と呼んだ。大臣の祖母は物部弓削大連《ゆげのおおむらじ》（守屋《もりや》）の妹で、母方の財力で、勢いを世に示した……。

このあと、蘇我入鹿は増長し、上宮王家を追い詰めた。もちろんこれで、蘇我入鹿は大悪人となってしまったわけだ。聖徳太子の子らを滅亡に追い込んでしまったのだから、言い逃れはできない。

しかし、もちろん、『日本書紀』の記事をそのまま鵜呑《うの》みにすることはできない。この蘇我入鹿の過ちは、どのように考えればよいのだろう。

事の発端は、推古《すいこ》天皇が後継者をはっきりと決めないまま崩御《ほうぎよ》したことだった。そのあたりの事情を、順番に追ってみよう。

推古三十六年（六二八）三月、死の床にあった推古天皇は、枕元に田村皇子《たむらのみこ》（のちの舒明《じよめい》天皇）を呼び出し、

「天位に昇りつめ政治を行うことはたやすくはない。つねに責任がのしかかってくる。だからあなたは、つつしみをもって、軽々しい発言をしてはいけません」

と言い残した。また山背大兄王を呼び、

「あなたはまだ未熟だから、心に秘めたるものがあったとしても、それを口に出してはいけません。かならず群臣の言葉に従いなさい」

と言い、この世を去った。田村皇子の即位を前提にしているように読めるが、断言はしていない。

九月、推古天皇の葬儀が終わると、蘇我蝦夷は一人で皇位継承者を決めようと思ったが、群臣が従わないようでは困ると思い返し、大夫《まえつきみ》たちを集め会議を開く。先の推古天皇の遺言が披露され、誰を推戴《すいたい》するか、議論になった。大勢が田村皇子に傾いたそのとき、反論が出た。聖徳太子に目をかけられていた境部摩理勢臣《さかいべのまりせのおみ》（蘇我系）は、山背大兄王を推《お》したのだ。

また山背大兄王は、推古天皇の「遺言」として吹聴《ふいちょう》されている内容が、自分が直接聞いたものとちがって伝わっている、と訴えた。蘇我蝦夷が勝手に話を作ったというのだ。そして本当の話は、次のようなものであったと主張した。

「私の余命もあとわずか。あなたはもとより私が期待していた者だ。寵愛《ちょうあい》する心は他に比べようもない。国家の大計は私の世で終わらせてはなりません。あなたは未熟といえども謹んで言葉を発しなさい」

この推古天皇の言葉は、近習《きんじゅう》の者みなが聞いていたという。けれども山背大兄王は天皇からの言葉をつい叔父の蘇我蝦夷に言いそびれ、またその後、天皇から使いが遣わされ、「あなたの叔父の蝦夷はつねにあなたのことを気にかけていて、百年ののちにはあなたが皇位につかないことがあろうか、と言っている。だから謹んで自愛してほしい」と告げられ、もうたしかなことと考えていたと言い、また、山背大兄王の弟は「我ら親子が蘇我から出ていることは、天下に知れ渡っている。私は蘇我を高い山のように頼もしく思っている」と述べている。

しかし、蘇我蝦夷は山背大兄王を支持しなかった。境部摩理勢は蘇我氏の墓を荒らし、自宅に引きこもった。ついには山背大兄王を推す境部摩理勢を蝦夷は攻め、自害に追い込んだのである。

こうして、田村皇子が即位し、舒明天皇が誕生する。

民のために命を投げ出した山背大兄王

山背大兄王は皇位に固執《こしつ》した。推古天皇のあいまいな態度も問題だが、蘇我系であることを頼みにして即位は当然であるかのように訴えたてた。上宮王家の出方にも問題がある。結局、境部摩理勢は滅び、犠牲者まで出てしまった。もちろん、

『日本書紀』は「やったのは蘇我蝦夷」と言うが、一連の話を総合すれば、山背大兄王は俗物であったことがわかる。しかも、舒明天皇の崩御（六四一年）、皇極女帝の即位ののちも、山背大兄王は皇位に固執したようだ。しかし願いは叶《かな》わなかった。舒明天皇と蘇我系の女人《によにん》の間に古人大兄皇子が生まれていて、蘇我本宗家《ほんそうけ》は古人大兄皇子の即位を願い、山背大兄王が邪魔になったというのが、『日本書紀』の説明だ。

そして皇極朝の蘇我氏は、専横《せんおう》を極めていく。皇極元年是歳《このとし》の条には、蘇我蝦夷が祖廟《おやのまつりや》を葛城《かつらぎ》の高宮《たかみや》（奈良県御所《ごせ》市森脇）に建て、さらに八佾《やつら》の舞《まい》という方形群舞を行なった。八佾の舞は中国では天子の特権とされるものだ。また、蘇我蝦夷と入鹿は墓を造ったが、このとき上宮（聖徳太子一族）の乳部《みぶ》の民《たみ》（皇子に養育料として与えられた人々）を勝手に使った。上宮大郎姫王《うえのみやのいらつめのひめみこ》（聖徳太子の娘）は、

「蘇我臣は、専横をくり返し、礼を失している。天にふたつの太陽はなく、国に二人の王はいない。それなのに、なぜわれわれの民を勝手に使うのか」

と恨《うら》んだという。そしてこの直後、蘇我入鹿は挙兵する。

十一月、蘇我入鹿は山背大兄王のいる斑鳩《いかるが》に兵をくり出した。山背大兄王の兵は

奈良県生駒市と大阪府東大阪市との県境をなす生駒山

激しく抵抗したがかなわず、山背大兄王は寝殿に馬の骨を投げおき、一族郎党を率いて生駒山《いこまやま》に逃れた。斑鳩宮は焼かれ、灰の中の骨を見た兵たちは、山背大兄王が亡くなったと思いこみ、引き上げた。

山背大兄王は「東国に落ち延び乳部の兵を起こせば、かならず勝利を収めるでしょう」という進言を受けた。これに対し山背大兄王は、次のように述べる。

「挙兵すれば勝てるだろう。しかし、私は、十年の間、民を使役しないと考えている。我が身のために百姓《おおみたから》を苦しめるわけにはいかない。後世、私のために父や母を失ったと言われたくはないのだ。なぜ戦《いくさ》に勝って丈夫《ますらお》と称えるのだろう。そうではなく、我が身を捨てて国の安定を図るのが、真の丈夫ではないのか」

そのころ、山中に山背大兄王たちが潜伏していることを知り、入鹿は再び兵を挙げ、生駒山を囲ませた。しかし山背大兄王は生駒山を抜け出し、斑鳩寺（創建法隆寺）に戻ると、「闘えば勝つことはわかっている。けれども、民を殺したくない。この身ひとつを入鹿にくれてやろう」と言い放ち、一族郎党とともに、自害して果ててしまったのである。聖徳太子の一族は、ここに全滅してしまう。

すると、大空に五色《ごしき》の幡《はた》と蓋《きぬがさ》が舞い、舞楽が奏《かな》でられ、神々《こうごう》しい光に満ちたという。人々を驚き嘆き、入鹿に指し示したが、幡は黒い雲となって、入鹿には見えなかった。蘇我蝦夷は上宮王家が滅びたことを知り、怒り、呆《あき》れ、「入鹿は愚かなことをしてくれた。お前の命も長くはないだろう」と言った。

これが、上宮王家滅亡事件の顚末《てんまつ》であり、皇極四年（六四五）の乙巳《いっし》の変の蘇我入鹿暗殺の大義名分になっていく。

なぜ山背大兄王は一族滅亡の道を選んだのか

『訓蒙皇国史略』に描かかれた、蘇我入鹿が山背大兄王を殺害する場面
（国文学研究資料館蔵）

疑い出せば切りがないが、推古女帝の崩御からここまで、いくつもの疑問が浮かんでくる。

まず第一に、田村皇子は非蘇我系で、かたや山背大兄王は蘇我系だ。なぜ蘇我蝦夷は田村皇子を推したのだろう。通説は、蘇我系の古人大兄皇子（田村皇子の子）の即位を願ったからだというが、本当だろうか。舒明天皇崩御ののち、古人大兄皇子を即位させず、皇極女帝を立てたのはなぜだろう。舒明と皇極の間に生まれたのが中大兄皇子《なかのおおえのみこ》と大海人皇子《おおあまのみこ》で、皇極の即位によって、この二名が非蘇我系でありながら、有力な皇位継承候補にのし上がった。両親が天皇という、これ以上ないというほどのサラブレッドになってしまった。これは、不自然だ。蘇我氏は天皇の外戚《がいせき》になることによって、着実な権力基盤を築きたかったはずなのだ。

第二に、斑鳩宮を襲った将軍・巨勢徳太《こせのとこだ》は、改新政府（孝徳朝《こうとく》）の左大臣《さだいじん》（現代風にいうと総理大臣）に昇りつめている。『日本書紀』に従えば、改新政府は蘇我入鹿ら蘇我本宗家を滅亡に追い込んだことによって成立した反蘇我派の政権だったはずだ。とすれば、なぜ斑鳩宮を襲った「現場責任者」が、新政権の左大臣に登用されたのだろう。これは、大きな矛盾《むじゅん》である。

山背大兄王と巨勢徳太が事前に密かに通じていたのではないかと疑う考えもある。それは、馬の骨の焼け跡を見て人の骨と見えるはずがないという疑いから出た発想で、「ここには何かトリックがある」と言うのだ（吉村武彦『日本の歴史3　古代王権の展開』集英社）。つまり巨勢徳太は実際には蘇我氏のやり方に反発していて、山背大兄王を救おうとしていたことになる。

しかし、蘇我氏全盛期、だれが見ても馬のものとわかる骨をさして「これは山背大兄王の遺骨」と巨勢徳太が言い出せば、周囲が怪しみ、密告され、蘇我入鹿に殺されていただろう。

それよりも、軽皇子《かるのみこ》（のちの孝徳天皇）が、斑鳩を包囲した軍勢の中に混じっていたという記録があって、こちらも問題である。

筆者は蘇我氏を改革派とみなし、蘇我入鹿暗殺後に生まれた孝徳天皇の改新政府も、蘇我氏の遺志を継承したと考えるから、巨勢徳太の左大臣就任は、むしろ当然のことと思う。ただし、このあたりの詳しい事情は、のちの章に譲る。

それよりもわからないのは、山背大兄王である。これが第三の謎だ。なぜ山背大兄王は、一族全滅の道を選んだのだろう。史学界の大御所の故・坂本太郎も、

「山背王の無残な最期は、私には全く不可解であった」

といぶかしんだ（『人物叢書　聖徳太子』吉川弘文館）。一族を道連れにした心理がわからないという。ただし、「それは煩悩《ぼんのう》を絶ちきれぬ人間の凡慮《ぼんりよ》であることに気付くことができた」とする。山背大兄王は、深遠な信仰心を抱き、法のために一族とともに果てたのだという。これこそ、勝鬘経《しょうまんぎょう》にある捨身を実行したものだ、といい、「蘇我専権のその時代を、法の滅せんとする時と見たのではあるまいか」というのである。

しかし、聖徳太子も山背大兄王も出家していたわけではないし、山背大兄王は「王権争いを演じた俗物」であって、信仰の実践は、あとから美化するために『日本書紀』が考えついた方便にすぎない。悟りを得たと自己満足にふけって入滅《にゆうめつ》するのなら、一人で死ねばよいのであって、一族をみな道連れにするのは、誰が考えても、異常な事態である。

藤原氏は聖徳太子の祟りを恐れたのか

ところで、梅原猛は上宮王家滅亡事件には裏があったと主張した。蘇我入鹿を背後から操っていた黒幕がいたと推理したのだ。それが、中臣鎌足《なかとみのかまたり》で、なぜこのような考えが浮かんだのかといえば、やや複雑な背景がある。

梅原猛は、法隆寺東院伽藍《とういんがらん》（夢殿《ゆめどの》、奈良県生駒郡斑鳩町）に祀られる聖徳太子等身像・救世観音《ぐぜかんのん》の後頭部に直接光背《こうはい》が打ち込まれていることに注目した。これは、日本人的な発想からいえば、「呪《のろ》い」にしか見えないという。

また、明治時代にフェノロサや岡倉天心《おかくらてんしん》らによって厨子《ずし》から引き出されるまで救

法隆寺夢殿(奈良県斑鳩町)。斑鳩宮はこの付近にあったと推定されている

世観音は長い間秘仏《ひぶつ》で、しかも、五百フィート（約百五十二メートル）という長い布でぐるぐる巻きにされていた。まるでミイラのようで、これは、封印されていたにちがいないというのである。

　また法隆寺の中門は、真ん中に柱がある。門なのに通せんぼうをしているのは、法隆寺に何かが封じ込められているからではないかというのだ。

　藤原氏は、自家のピンチに、かならずといっていいほど法隆寺を丁重に祀《まつ》っている。これも、聖徳太子に負い目を感じているからだろうとする。

　つまり梅原猛は、藤原氏が聖徳太子の祟《たた》りを恐れていたのではないかと推理した。

そしてそれはなぜかといえば、上宮王家滅亡事件の黒幕が中臣鎌足で、聖徳太子は子孫を滅亡に追い込まれ、中臣鎌足の末裔の藤原氏を恨んでいたというのである。なるほど、斬新な考えだ。けれども、この考えに従うことはできない。藤原氏が夢殿を建立し法隆寺を重視しだすのは天平十年《てんぴょう》（七三八）ごろのことで、上宮王家の滅亡から百年近くの年月が流れている。これは長すぎる。第一、滅亡した上宮王家ではなく、聖徳太子を恐れるというのも、しっくりこない。上宮王家の墓が見つかっていないのも不思議なことだ。法隆寺が、平安時代に至るまで、一番恐れなければならない上宮王家を祀った気配がないのはなぜだろう。

なぜ藤原氏が法隆寺を祀りはじめたのかといえば、天平九年（七三七）、藤原不比等の四人の子、武智麻呂《むちまろ》、房前《ふささき》、宇合《うまかい》、麻呂《まろ》（中臣鎌足の孫にあたる）が天然痘《てんねんとう》で次々に亡くなり、「祟りにちがいない」と考え、震え上がったのだろう。

なにしろ藤原氏には、身に覚えがあったのだ。藤原氏は朝堂《ちょうどう》を独占するために、神亀《じんき》六年（七二九）、天武《てんむ》天皇の孫・長屋王《ながやおう》の一族を滅亡に追い込んでいた。事件をでっち上げて、無実の罪で、妻と子らを皆殺しにしたのだ。藤原氏を恨む者は、法隆寺に集められ、まとめて祀られたと筆者は考える。だから、梅原猛の言う「中臣鎌足が上宮王家滅亡事件の黒幕で、だから藤原氏は聖徳太子を恐れていた」という発想に与《くみ》することはできない。もっと身近に祟りが迫っていて、だからこそ藤原氏は法隆寺を祀ったのだろう。

ただそうはいっても、なぜ悲劇の人・山背大兄王が法隆寺で丁重に祀られなかったのか、新たな謎が生まれる。そこで、上宮王家滅亡の謎に話を戻そう。

蘇我入鹿を悪人に仕立て上げるカラクリ

上宮王家滅亡事件の謎は、まず事件の経過が不自然なことだ。生駒山に逃れた山背大兄王が、なぜわざわざ斑鳩に戻ってくる必要があったのだろう。なぜ山背大兄王は、「権力欲に取り憑《つ》かれていた」のに、突然聖者のような発言を始めたのだろう。そしてなぜ、一族に死を強要したのだろう。

それだけではない。上宮王家滅亡時の表現は過剰で、神話化され美化されている。いったい『日本書紀』は何が言いたかったのだろう。

ここでひとつ仮説を掲げてみよう。

もし『日本書紀』編者が、「本当は改革派だった人物、正義の味方だった人物を、真逆にして歴史に残すとしたら、どのような方法があるか」を、考えてみる。なかなか難しい問題だが、『日本書紀』を読んでいると「この手を使っているのではないか」と思えてくる。

具体的に、蘇我入鹿を想定してみよう。もし仮に、蘇我入鹿が「本当はいい人」「改革派だった」と仮定してみよう。蘇我入鹿をどう料理すれば、大悪人に仕立て上げられるだろう。

まず、蘇我入鹿の実像とそっくりな人物を用意する。鏡に映した、双子のようなそっくりさんだ。そして、別の名を与える。しかも、高貴な身分で、殺《あや》めれば、それだけで大罪になるような地位の人だ。もちろん、これは架空の人物だが、歴史書の中で、「彼は実在した」ことにする。

この架空の人物に登場願い、蘇我入鹿の業績、手柄をすべて預ける。その上で、蘇我入鹿を大悪人として描く。

ここまでは、準備段階だ。ここから完全犯罪が生まれる。

さて、蘇我入鹿は専横をくり広げ、王家を蔑《ないがし》ろにして増長し、ついに、王家の一族が邪魔になり、攻め滅ぼしてしまう。しかもこれが、蘇我入鹿の鏡として生み出された人の一族（上宮王家）だ。これで蘇我入鹿は古代史最大の大悪人になり、さらに、一族全員を一か所に集めて、全滅してもらえばいい。もともと架空の存在なのだから、いつかは歴史から消えてもらわないと、辻褄《つじつま》が合わなくなってしまう……。

これが、聖徳太子と山背大兄王のカラクリではあるまいか。すなわち、聖徳太子が聖者だからこそ、蘇我入鹿の「悪者ぶり」が際立つというカラクリなのである。

聖徳太子の業績を見つめ直す

われわれは「聖徳太子」に関して、何か大きな見落としをしてきたのではなかったか。

聖徳太子は用明《ようめい》天皇と穴穂部間人皇女《あなほべのはしひとのひめみこ》の間に生まれた。用明天皇の母は蘇我稲目《そがのいなめ》の娘の堅塩媛《きたしひめ》で、穴穂部間人皇女の母はやはり稲目《め》の娘だ。聖徳太子は祖母が二人とも蘇我氏の出で、明らかに蘇我系の皇族だった。

一般に聖徳太子は蘇我馬子《うまこ》と反《そ》りが合わず、斑鳩に隠棲したのではないかと考えられている。ではなぜ、蘇我氏と蘇我系皇族が反目してしまったのだろう。そしてこれは、事実だろうか。

そこで、これまで信じられてきた聖徳太子の生涯と業績を、追っておこう。

『上宮聖徳法王帝説《じょうぐうしょうとくほうおうていせつ》』によれば、聖徳太子が誕生したのは敏達《びだつ》三年（五七四）だと言うが、たしかではない。

『日本書紀』によれば、聖徳太子ははじめ蘇我馬子とともに行動し、物部守屋を倒した。物部守屋征討に際し、護世四王《ごせしおう》に祈願したため、勝利後難波《なにわ》に四天王寺《してんのうじ》を建立した。推古元年（五九三）、推古天皇は即位すると聖徳太子を皇太子に指名し、摂政《せっしょう》として万機《ばんき》を委《ゆだ》ねたとある。冠位十二階《かんいじゅうにかい》を定め、畿内《きない》の大豪族が朝廷の要職を独占し世襲化している弊害を取り除こうと目論《もくろ》んだ。また、憲法十七条を制定し、貴族や役人たちに規範を示し、天皇を頂点とする秩序の中、合議を尊重した政治運営を説いた。小野妹子《おののいもこ》を使者に立て遣隋使《けんずいし》を派遣し、「日出《ひい》ずる処《ところ》の天子《てんし》、書《しょ》を日没《ひぼつ》する処《ところ》の天子《てんし》に致《いた》す。つつがなきや云々《うんぬん》」という有名な国書を送り、煬帝《ようだい》をあわてさせ、隋との国交樹立を成功させた。『天皇記』『国記』などの史書の編纂《へんさん》、

『三経《さんぎょう》義疏《ぎしょ》』を記し、寺院を建立し仏教興隆に寄与した……。

おおよそ、こんなところだろうか。しかし、ひとつひとつ丁寧に追っていくと、どれも本当に聖徳太子の業績なのかどうか、じつに心許《こころもと》ないのである。

たとえば、冠位十二階の制定は『日本書紀』に記事が載っているが、「聖徳太子の業績」とは書かれていない。憲法十七条は、聖徳太子が定めたとあるが、憲法の文言の中に、のちの世の挿入としか考えられない部分があって、聖徳太子がすべて書き上げたのかどうか、じつに怪しいのである。

『集古十種』に描かれた聖徳太子（国文学研究資料館蔵）

遣隋使の場面でも、『日本書紀』は不思議な態度をとっている。隋の煬帝は日本に裴世清《はいせいせい》を遣わした。裴世清は小野妹子とともに来日し、宮に招かれた。その様子は『隋書《ずいしょ》』と『日本書紀』の両方に記されている。『隋書』の中で、裴世清は「倭王」

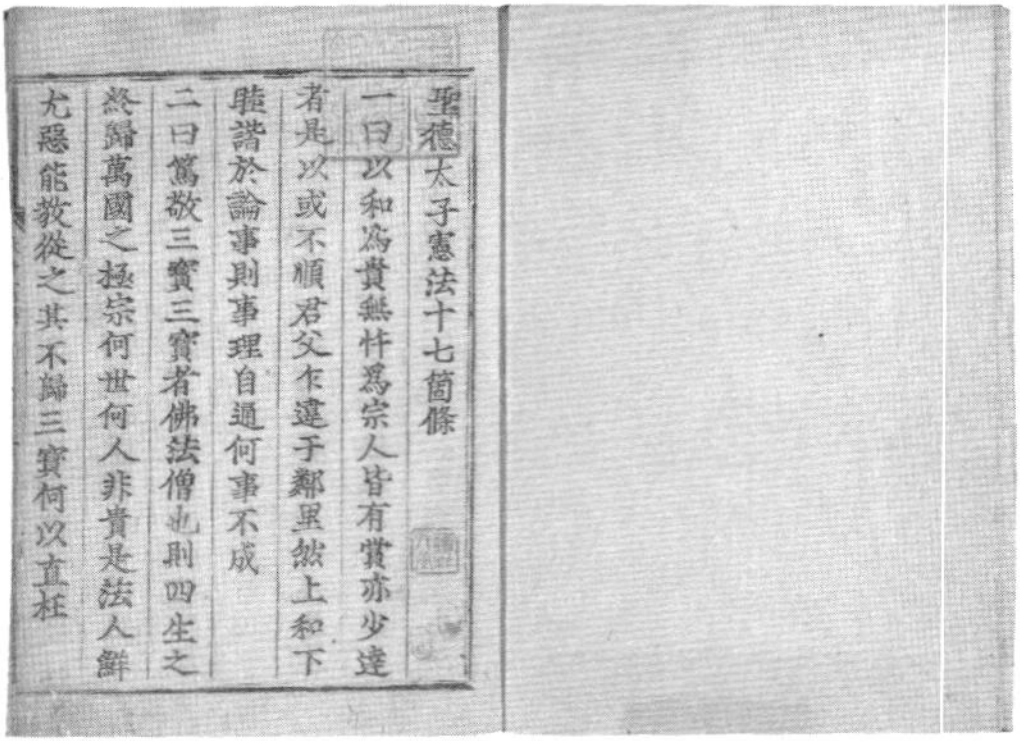

「聖徳太子憲法十七箇條」(国立国会図書館蔵)

に会ったと記すが、『日本書紀』は、「裴世清は国書を大門《みかど》の前の机に置いた」と記すのみで、その場に誰がいたのか、何も記録していない。つまり、推古天皇、聖徳太子はその場にいたはずなのに、なぜか『日本書紀』は、何も記録していない。これは、じつに不可解なことなのだ。

そもそも、聖徳太子の存在そのものが、いかがわしい。

もちろん、『日本書紀』は「聖徳太子は実在した」と言う。色々業績を残したとも言う。だからこそ、古代史の有名人だったし、「存在しなかった」と推理しようものなら、眉《まゆ》に唾《つば》をつけられるのが落ちだった。

しかし、一部の学者が、「聖徳太子は実在したのだろうか」という疑念を提出するようになった。だいたい、「聖徳太子」という名の皇族は『日本書紀』には登場しない。『日本書紀』は、この人物にまつわるありとあらゆる呼び名を用意したがゆえに、どれが本当の名だったのか、はっきりとしない。それほど多くの名を、『日本書紀』は挙げている。厩戸皇子《うまやとのみこ》、豊聡耳法大王《とよとみみのりのおおきみ》、豊耳聡聖徳《とよみみとしょうとく》などだ。「聖徳太子」の名がはじめて使われたのは、日本初の漢詩集『懐風藻《かいふうそう》』（八世紀半ば）の序文だ。

大山誠一は『〈聖徳太子〉の誕生』（吉川弘文館）の中で、厖大《ぼうだい》な聖徳太子をめぐる史料の中から、神話じみた内容や荒唐無稽《こうとうむけい》な伝説は排除すべきだと言い、聖徳太子が『日本書紀』の言うような聖人であったかどうかを疑った。そもそも「聖徳太子」という名の人物も存在しなかったわけで、蘇我系の皇族「厩戸」の実績を探したのだった。

はっきりした厩戸の業績はわずかだという。推古九年（六〇一）に斑鳩宮を造り、その後斑鳩寺（法隆寺）を建立したことだけだと指摘している。

必要以上に礼讃された聖徳太子

『日本書紀』に描かれた聖徳太子は、必要以上に神格化されている。これも、聖徳太子をめぐる謎のひとつだ。

母・穴穂部間人皇女《あなほべのはしひとのひめみこ》が聖徳太子を産み落とす場面から、聖徳太子をめぐる説話は神話じみていた。

出産予定日、穴穂部間人皇女は宮中をめぐり、役所を見て回った。そのとき馬屋の戸にあたって、その拍子に難なく聖徳太子は生まれた。

聖徳太子は生まれた直後から言葉を発し、聖の智があった。成長すると、一度に十人の訴えを聞き漏《も》らさず、予知能力を発揮した。高句麗《こうくり》の僧・慧慈《えじ》に師事し、仏教や儒教を学んだ。用明天皇はこよなく皇子を愛し、宮の南（上宮）に住まわせた。そこで、名を称《たた》えて上宮厩戸豊聡耳太子《うえのみやのうまやとのとよとみみのひつぎのみこ》と呼ぶようになった。

聖徳太子が聖者だったことは、推古二十一年（六一三）十二月の次の説話からも明らかだ。皇太子（聖徳太子）は片岡《かたおか》（奈良県香芝《かしば》市）に遊行《ゆぎょう》した。すると、飢えて動けなくなった男が道に横たわっていた。聖徳太子は食べ物と服を与えた。翌日使いを遣わすと、男は死んでいた。聖徳太子は悲しみ、墓を造り埋葬させた。近習《きんじゅう》の者に、「あの男はただの人ではない。おそらく真人《ひじり》（道教の奥義《おうぎ》を悟った人）にちがいない」と語った。

聖徳太子は、もう一度使者を出した。すると、墓の中に屍《かばね》はなく、服をたたんで棺《かん》の上に置いてあった。聖徳太子はその服を何食わぬ顔で着た。人びとは大いに怪しみ、「聖《ひじり》が聖を知るというのは本当のことなのだ」と感心し、かしこまった……。

ちなみに、屍がなくなるという話は、道教の尸解仙《しかいせん》（仙人）にほかならない。

やはり『日本書紀』は、聖徳太子を「聖」とみなしている。薨去《こうきょ》の記事も、過剰な演出が行なわれている。

推古二十九年（六二一）春二月、夜半に厩戸豊聡耳皇子命が斑鳩宮で薨去した。諸王、諸臣、天下の百姓は悲嘆に暮れた。老人は愛しい子を失ったように悲しみ、塩や酢を口にしても味がわからず、幼児は父母を亡くしたように悲しみ、泣き叫ぶ声は巷《ちまた》にあふれた。田を耕す男は鋤《すき》をとるのをやめ、米つく女は杵《きね》の音を止めた。みな、「日月は光を失い、天地は崩れ去ってしまったかのようだ。これから先、誰を頼っていけばよいのだろう」と嘆いた……。

『日本書紀』の中で、これほど礼讃《らいさん》された人物は、他にいない。即位したわけでもない聖徳太子が、なぜここまで称えられなければならなかったのだろう。

鬼あつかいされ、恐れられた聖徳太子

さらに不思議なことがある。なぜか聖徳太子は、鬼扱いを受けている。すでに触れたように、用明二年（五八七）の物部守屋征討戦で、蘇我馬子の軍勢は劣勢だった。そこで聖徳太子は戦勝を祈願した。すると物部守屋の軍は自ら崩れていったという。聖徳太子の呪いが効いたのだが、このときの聖徳太子は「束髪於額《ひさごはな》」だったと『日本書紀』は特記している。これは髪型を指していて、なぜ『日本書紀』は髪にこだわったのかといえば、これが「童子」のものだったからだ。

要するに物部守屋討伐戦は一寸法師《いっすんぼうし》や桃太郎と同じような、「童子の鬼退治」だったことを意味している。これは偶然ではなく、ヤマトタケルが九州のクマソを討ったという話の中で、ヤマトタケルは「日本童男《やまとおぐな》」と呼ばれている。またヤマトタ

ケルは、クマソタケルを討ち取るとき、童女の格好をして敵を欺《あざむ》いている。ヤマトタケルは日本を代表する「童男（童子）」だからこそ、恐ろしい鬼のようなクマソを討つことができたと言っている。聖徳太子も、同じなのだ。

問題は、「鬼を退治できる童子は、一方で鬼そのもの」とみなされていたことだ。その証拠に、法隆寺には、無数の童子像（太子孝養像《きょうようぞう》など）が祀られ、聖徳太子と鬼の関係を雄弁に物語っている。

聖徳太子が2歳のときの姿を描いたとされる童子像（『集古十種』より。国文学研究資料館蔵）

古代の日本人にとって鬼は神と同意語だった。だから、聖徳太子が鬼あつかいされても、怪しむべきではないかもしれない。しかし『日本書紀』の編纂された八世紀以降、神と鬼は、峻別《しゅんべつ》されていったように思う。神話の中で葦原中国《あしはらのなかつくに》には「邪しき鬼」が満ちていたというし、かつては神と肩を並べられ「モノ」と称えられ崇《あが》められていた「鬼」は、「オニ」と呼ぶようになって零落《れいらく》し、あるいは恐れられ、蔑《さげす》まれていくようになる。だから、『日本書紀』が聖徳太子を鬼あつかいすることに、「意地の悪さ」を感じずにはいられないのである。

梅原猛は「聖徳太子は恨んで、祟っている」と推理したが、たしかに後世の人間は、「聖徳太子に怯《おび》えていた」気配がある。

わかりやすいのは広隆寺《こうりゅうじ》（京都市右京区）の本尊だろう。

広隆寺といえば半跏思惟像《はんかしいぞう》が有名だが、本尊は聖徳太子三十三歳像だ。歴代天皇は即位すると、儀礼に用いた服をこの像に贈りつづけてきた。その服をまとった姿で、聖徳太子は祀られている。

なぜ聖徳太子に、ここまで気を遣う必要があるのだろう。自らの即位をはばかり、聖徳太子に「即位していただく」かのような慣習が、なぜ途切れることなく続いてきたのだろう。天皇家には、「聖徳太子にまつわる、生々しい伝説」が残っているのではないかと思えてくる。「祟る聖徳太子が恐ろしくて仕方がない」のではあるまいか。

改革派を潰したのは中大兄皇子と中臣鎌足

ここでふり返りたいのは、先に挙げた仮説だ。聖徳太子や山背大兄王は、蘇我蝦夷や蘇我入鹿ら蘇我本宗家が改革派だったことをもみ消すために創作された虚像ではないか、という推理だ。

改革派として日本の基礎を築こうとした人たちを殺めたのが中大兄皇子や中臣鎌足で、のちの朝廷はこの事実を隠蔽《いんぺい》するために『日本書紀』を編纂し、蘇我氏の手柄を横取りしてしまったのではなかったか。そして、それだけでは済まずに、蘇我氏を大悪人にすり替えるカラクリを用意した……。

近年、実際には、蘇我氏が改革事業を推進していたのではないかとする指摘は増えてきたように思う。天皇家の直轄領・屯倉《みやけ》をせっせと増やしつづけていたのは蘇我氏だった。

『日本書紀』の読み方に画期的な論考を提出した森博達《もりひろみち》は、『日本書紀　成立の真実』（中央公論新社）の中で、『日本書紀』編纂の中心に中臣鎌足の子・藤原不比等が立っていたと指摘し、上宮王家滅亡事件に関して、次のように述べている。

「上宮家の滅亡」は「乙巳の変」と一対の事件に仕立てられた。「乙巳の変」を正当化するために、極悪非道な入鹿によって滅ぼされた山背大兄王の聖人化が要請されたのである。

史学界も、ようやく「蘇我氏は悪くなかった」ことに、気づきはじめたのである。

山背大兄王だけではない。聖徳太子もまた、「聖徳太子が聖人君子であることを必要以上に強調された理由」は、明らかに蘇我入鹿たちを悪人に仕立て上げるためであった。そして、もともと存在しなかったから、末裔を名乗る者は現れず、また、虚像だから、上宮王家にはきれいさっぱり蒸発してもらわなければならなかったのだ。

もし仮に、このとおり、聖徳太子や山背大兄王が虚構とすれば、もうひとつ興味深い事実が浮かび上がってくる。それは、大々王と物部《もののべの》鎌《かま》姫《ひめ》大《おお》刀《と》自《じの》連《むらじ》公《きみ》のことだ。この謎めく女人たちの存在は、これまでほとんど話題にのぼらなかった。しかし、「聖徳太子は虚構」であるとともに、「蘇我蝦夷や入鹿を鏡で映した存在」とみなすことができるなら、大々王が聖徳太子に向かって「わが子」と呼びかけていたことに、強い興味を惹《ひ》かれる。大々王は『日本書紀』にいう推古天皇のこととされるが、聖徳太子は子ではない。いっぽう『先代旧事本紀《せんだいくじほんぎ》』は大々王によく似た物部鎌姫大刀自連公を登場させ、「子どもは蘇我入鹿」と言っている。つまり、大々王とは物部鎌姫大刀自連公で、蘇我入鹿の母で、『日本書紀』の言う推古天皇の本当の姿なのだろう。

ちなみに、聖徳太子の母・穴穂部間人皇女の「穴穂部」は、物部氏と強く結ばれた土地の名であり、推古天皇の「古（フル）」も、物部氏と関わる「フル」からきているのかもしれない。物部氏と関わりの深い石上《いそのかみ》神宮の別名は「布留社《ふる》」で、「布留御魂大神」を祀っている。

六世紀後半から七世紀にかけて、物部氏は「物部系の王を立てること」を条件に、蘇我氏の改革案を呑《の》みこんだのではあるまいか。斉明天皇や孝徳天皇も、物部系の可能性がある（拙著『百済観音と物部氏の秘密』角川学芸出版）。

第七章　乙巳の変の意外な実行犯

蘇我入鹿暗殺を画策した中臣鎌足

蘇我入鹿《そがのいるか》が、じつはいいヤツだった、となってくると、いったい「乙巳《いっし》の変（六四五年）＝蘇我入鹿暗殺」とは何だったのかという疑念が生まれる。

改革事業の邪魔になった蘇我入鹿、そして専横《せんおう》をくり返し、王家を蔑《ないがし》ろにした蘇我本宗家《ほんそうけ》という図式は、まったく入れ替わってしまう。古代史の英雄と称えられてきた中大兄皇子《なかのおおえのみこ》と中臣鎌足《なかとみのかまたり》は、いったい何を目論んで、凶行に及んだのだろう。中大兄皇子と中臣鎌足こそ反動勢力だったのか……。

もちろん、蘇我入鹿暗殺によって大化改新《たいかのかいしん》が成し遂げられたのだから、蘇我入鹿は『日本書紀《にほんしょき》』の言うとおり、悪人だったのではないかと、まだ疑っておく必要はあるだろう。

そこで改めて、乙巳の変の蘇我本宗家滅亡事件の真相を探ってみたい。そのためには、中臣鎌足の行動を追っていくのが、手っ取り早い。

蘇我氏全盛期の皇極《こうぎょく》三年（六四四）、中臣鎌足が『日本書紀』に登場する。神祇《じんぎ》伯《はく》（神道祭祀《しんとうさいし》を司《つかさど》る役所の長官）に任命されるが、再三固辞したうえに、病と称して三嶋《みしま》（大阪府三島郡）に引っ込んでしまった。ちなみに、このときの中臣鎌足の官位がはっきりとしていない。無位無冠でいきなり神祇伯に抜擢《ばってき》という話も、おかしなことだ。それにこの時代、まだ「神祇伯」という役職はなかった。やはり、どうにも胡散《うさん》臭い。それはともかく……。

このとき、ちょうど軽皇子《かるのみこ》（のちの孝徳《こうとく》天皇）が足を悪くして朝廷に出仕できないでいた。そこで中臣鎌足は軽皇子の宮に通い、親睦を図った。もちろん、蘇我入鹿の専横を何とかしたい、という思いから、手を組むべき相手を捜していたのだ。

軽皇子は中臣鎌足の意気の高さ、人となりのすばらしさを知り、寵妃《ちょうひ》を与えた。

中臣鎌足は「身に余る幸運。皇子が

『前賢故実』に描かれた中臣（藤原）鎌足
（国文学研究資料館蔵）

王となり君臨することを、誰も阻《はば》むことはできないでしょう」と人に語り、この言葉が軽皇子の耳に入り、皇子は大いに喜んだという。

しかし、中臣鎌足の本命は、軽皇子ではなく、中大兄皇子だった。けれどもなかなか近づくことができなかった。たまたま法興寺《ほうこうじ》（飛鳥寺《あすかでら》）の槻《つき》の木の下で打毬《うちまり》（蹴鞠《けまり》）があって、ようやく知り合うことができた。中大兄皇子の履《は》きものが脱げ、それを中臣鎌足が捧《ささ》げ持ち、中大兄皇子も跪《ひざまず》いて応えたという。

意気投合した二人は、入鹿暗殺の計画を練り、蘇我一族の切り崩しを画策する。入鹿の従兄弟《いとこ》・蘇我倉山田石川麻呂《そがのくらやまだいしかわのまろ》の長女を中大兄皇子が娶《めと》り、婚姻関係をまず結び、そののちに計画に引きずり込もう、ということになった。ただし、長女は蘇我日向《ひむか》に奪われてしまった。そこで妹の遠智娘《おちのいらつめ》が、中大兄皇子のもとに嫁いだのだった。遠智娘は、持統《じとう》天皇（鸕野讃良皇女《うののさららのひめみこ》）の母だ。

蘇我倉山田石川麻呂は中大兄皇子に靡《なび》き、皇極四年（六四五）六月八日、いよいよ入鹿暗殺が決行される。

蘇我入鹿暗殺の現場

三韓《さんかん》（朝鮮半島の三国、高句麗《こうくり》・百済《くだら》・新羅《しらぎ》）が飛鳥板蓋宮大極殿《あすかいたぶきのみやだいごくでん》で調《みつぎ》を奉《たてまつ》るその日、蘇我入鹿の隙を突いて暗殺劇が始まる。

大極殿には皇極天皇と古人大兄皇子《ふるひとのおおえのみこ》が控え、そこに蘇我入鹿が現れた。

中臣鎌足は入鹿の警戒心が強いことを知っていたので、俳優《わざおき》に知恵を授けて、おどけさせて、剣を奪い取った。そして、打ち合わせどおり、蘇我倉山田石川麻呂が三韓の上表文《じょうひょうぶん》を読み上げる。建物の門すべてを閉め、中大兄皇子は槍《やり》を持ち、身を隠した。中臣鎌足は弓矢で援護する。すると刺客《しかく》の一人佐伯連子麻呂《さえきのむらじこまろ》が、あまりの緊張に嘔吐《おうと》してしまう。

すでに表《ひょう》はほとんど読み終わろうとしているのに、何も始まらないことに動転した蘇我倉山田石川麻呂はわなわなと声が震え出した。怪しんだ入鹿が、「どうして震えている」と問いただすと、倉山田石川麻呂は、「天皇のそば近くに侍《はべ》って、恐れ多いのです」と答えるのがやっとだった。

飛鳥板蓋宮推定地（明日香村）

入鹿の威に圧倒されて身動きができなくなってしまった佐伯連子麻呂の姿を見て、中大兄皇子は「やあ」と気合いを入れ、子麻呂とともに電光石火のごとく、入鹿に斬りかかった。

頭から肩にかけて血に染まった入鹿は、驚いて立ち上がるが、足元にもう一撃喰《く》らうと、入鹿ははいつくばるように皇極天皇ににじりより、

「まさに、皇位にいるべきは天子《てんし》です。私になんの罪があるというのでしょう。お教えください」

と訴えた。

皇極天皇は「自分はなにも知らない」と弁明し、中大兄皇子に事態の説明を求

入鹿殺害の場面を描く『多武峯縁起絵巻』（談山神社蔵）

めた。すると中大兄皇子は、次のように答えた。

「鞍作《くらつくり》（蘇我入鹿）は、王族（上宮王家《じょうぐうおうけ》）を滅ぼして、天位を奪おうとしているのです。鞍作に王位を奪い取られてなるものでしょうか」

皇極天皇は言葉を失い、現場を立ち去っていった。入鹿は殺され、その屍《しかばね》にむしろがかぶせられ、雨ざらしにされたのである。

蘇我派の皇族・古人大兄皇子は自分の宮に舞い戻り、

「韓人《からひと》が入鹿を殺した。胸が張り裂けそうだ」

と叫び、門を固く閉ざしたまま出てこ

なかった。

中大兄皇子は法興寺（飛鳥寺）に拠点を移し、目と鼻の先の甘樫丘《あまかしのおか》の蘇我蝦夷《えみし》と対峙《たいじ》した。親蘇我派の豪族東漢氏《やまとのあやし》は兵をかき集めて巻き返しを図ろうとするが、「入鹿の道連れになって殺されてしまっては犬死にぞ」と説得されて、逃げてしまった。

孤立した蘇我蝦夷は、滅亡する。

これが、『日本書紀』に描かれた乙巳の変の顚末《てんまつ》である。

中大兄皇子が体を張っている中、中臣鎌足は傍観していた？

この一節には、いくつもの謎がある。

真っ先に掲げたいのは、中臣鎌足の怪しさである。

何度も触れてきたように、中臣鎌足の末裔《まつえい》は、奈良時代、平安時代を通じて、権力に固執した。しかも、周囲の豪族たちとの共存を拒《こば》み、「一人だけ勝ち残る方法」を探った。そして、『日本書紀』編纂当時、中臣鎌足の子の藤原不比等《ふじわらのふひと》は、朝堂《ちょうどう》のトップに立っていたのだ。『日本書紀』編纂を画策したのも藤原不比等だろう。そして、父の業績を顕彰《けんしょう》するために、蘇我入鹿を大悪人に仕立て上げたのだろう。

ひとつ不思議に思うのは、中臣鎌足の登場の仕方だ。父母の名もわからず、官位や地位がまったく記されず、「素浪人《すろうにん》」のような形で姿を現したのだ。これは、謎めく。

藤原不比等は、なぜ父親の出自をはっきりと示さなかったのだろう。これは、「示すことができなかった」と考えるほかはない。

蘇我氏の祖も『日本書紀』には記されていないが、藤原氏と蘇我氏では意味が異なる。

一般に、蘇我氏は渡来系ではないかと疑われている。祖の名に「高麗《こま》」や「韓子《からこ》」があること、渡来系の技術者を支配することで力を蓄えていったことから、そう考えられている。しかし、もし仮に蘇我氏が渡来系なら、『日本書紀』は迷わずその事実を書き残し、日本を乗っ取ろうとした侵略者と批難したにちがいない。それができず、その始祖の名を掲げなかったのは、蘇我氏が正統な氏族だからだろう。すでに述べたように、武内宿禰《たけのうちのすくね》はヤマト建国に深く関わり、王家との間に血のつながりもあったと考えられる。だから、『日本書紀』は武内宿禰と蘇我氏の関係を無視したのだ。

藤原氏の場合は、立場が逆転している。

歴史の勝者が藤原不比等だ。ならば、正史を編纂し、自家の系譜を美化することができたはずなのだ。それを怠ったということは、中臣鎌足がよほどの秘密を抱えていたということになる。

もうひとつ、謎めくのは、蘇我入鹿の暗殺現場で、中大兄皇子が体を張っていたのに、中臣鎌足は「弓を持って傍観していた」という事実である。

くどいようだが、このとき、中臣鎌足は無位無冠であった。かたや中大兄皇子は、両親が天皇というサラブレッドで、古人大兄皇子のライバルである。中大兄皇子と中臣鎌足では、月とスッポンほどの地位の差がある。それにもかかわらず、なぜ中臣鎌足は、高みの見物としゃれ込んでいたのか。

さらに、中臣鎌足は軽皇子（孝徳天皇）と中大兄皇子を天秤にかけていた。王家の正統性を証明するための歴史書であるのならば、天皇が下の者を選ぶという話にしなければならないのに、中臣鎌足が皇族を値踏みしていたという設定は不敬にもほどがある。中臣鎌足、何様のつもりなのか……。もちろん、中臣鎌足ではなく、藤原不比等が編み出した設定ではあろうが、中臣鎌足が「弓を持っていた」という話は不自然で、不可解きわまりない。

蘇我入鹿暗殺の実行犯は秦河勝だった？

三韓進朝《しんちょう》の場面で暗殺劇がくり広げられたという『日本書紀』の設定も、不可解だ。朝鮮半島の三韓は互いに仲が悪く、揃って使者が飛鳥にやってくるというのも、現実味がないとされている。

百歩譲って、たまたま三者が揃ったとして、朝鮮半島情勢にヤマト朝廷が深く関わっている最中に、外交使節団がいるその目の前でクーデターを敢行する必要が、どこにあったのか。

法興寺（飛鳥寺）の発掘調査の結果、「入鹿の首塚《くびづか》（五輪塔）」が、法興寺の西門を出たすぐ脇だったことが確かめられている。蘇我入鹿の首が、暗殺現場からここまで飛んできたという伝説が残っている。

普通、仏教寺院は南門を重視する。そもそも南門しかない古代寺院がほとんどだ。浄土《じょうど》信仰がさかんになって、東西のラインを意識することにもなっていくが、当初は仏像は南を向いていた。だから、南門が一番大事だった。ところが法興寺の場合、西門の先に蘇我氏の居館が建ち並ぶ甘樫丘があり、さらに手前には、槻《つき》の木の広場があった。西門の先に蘇我氏の居館が建ち並ぶ甘樫丘があり、さらに手前には、槻の木の広場があった。ここで数々の行事が営まれた。だから法興寺の出入りは、西門がメインだったのだ。その脇に、入鹿の首塚が祀《まつ》られていることは、妙にひっかかる。本当の暗殺現場は、ここだったのではないか……。

そして、実行犯も、中大兄皇子と中臣鎌足とは別にいたと、筆者は疑っている。答えを先に言ってしまえば、秦河勝《はたのかわかつ》が怪しい。太秦《うずまさ》の広隆寺《こうりゅうじ》（京都市右京区）を建立した渡来系豪族だ。

秦河勝といえば、聖徳太子に寵愛《ちょうあい》された人物として名高い。平安時代以降、太子信仰を盛り上げていくのは、秦氏だ。すでに触れたように、広隆寺本尊は聖徳太子三十三歳像で、天皇家は即位儀礼に用いた服を、この像に贈りつづけている。

筆者は「聖徳太子は虚像」と考え、「聖徳太子は蘇我本宗家の実績をすべて預かってしまった」と考える。とすると、なぜ広隆寺で、「聖徳太子三十三歳像を祀り

現在の法興寺(飛鳥寺。奈良県明日香村)

蘇我入鹿の首塚(奈良県明日香村)

つづけてきたのか」「なぜ天皇家は、聖徳太子三十三歳像を敬《うやま》いつづけ、遠慮してきたのか」は、違う意味の謎になってくる。たとえば「聖徳太子三十三歳像」を「蘇我入鹿三十三歳像」と考えれば、「何かの秘密が広隆寺に隠されている」ことは、すぐにわかる。

そこでまず、秦河勝と聖徳太子の関係を、『日本書紀』がどのように描いているのか、確かめてみよう。

推古《すいこ》十一年（六〇三）十一月一日、この日皇太子（聖徳太子）は諸々の大夫《まえつきみ》に次のように述べた。

「私は尊い仏像をもっている。誰か、この像を得て拝《おが》みたい者はいないか」

すると秦河勝が進み出て仏像を受け取った。そして蜂岡寺《はちおかでら》（広隆寺、秦公寺《はたのきみでら》）を建立した。

ちなみに、『日本書紀』に記された聖徳太子と秦河勝のつながりは、これだけだ。あとは、推古十八年（六一〇）冬十月の外交記事で、新羅の使者が朝廷を拝んだとき、秦河勝が導いたとあるだけだ。この場面に聖徳太子は登場しないのだから、接点といえるかどうか……。

ならばなぜ、秦氏と聖徳太子は強く結ばれてきたと信じられてきたのだろう。それは、後世の文献に、聖徳太子と秦河勝がたびたび登場していること、すでに述べたように、秦氏が太子信仰を広めていくからだろう。

『広隆寺縁起《えんぎ》』によれば、広隆寺は推古三十年（六二二）に聖徳太子のために建てられたと言う。

『聖徳太子伝暦《でんりやく》』には、広隆寺創建の詳細が語られている。

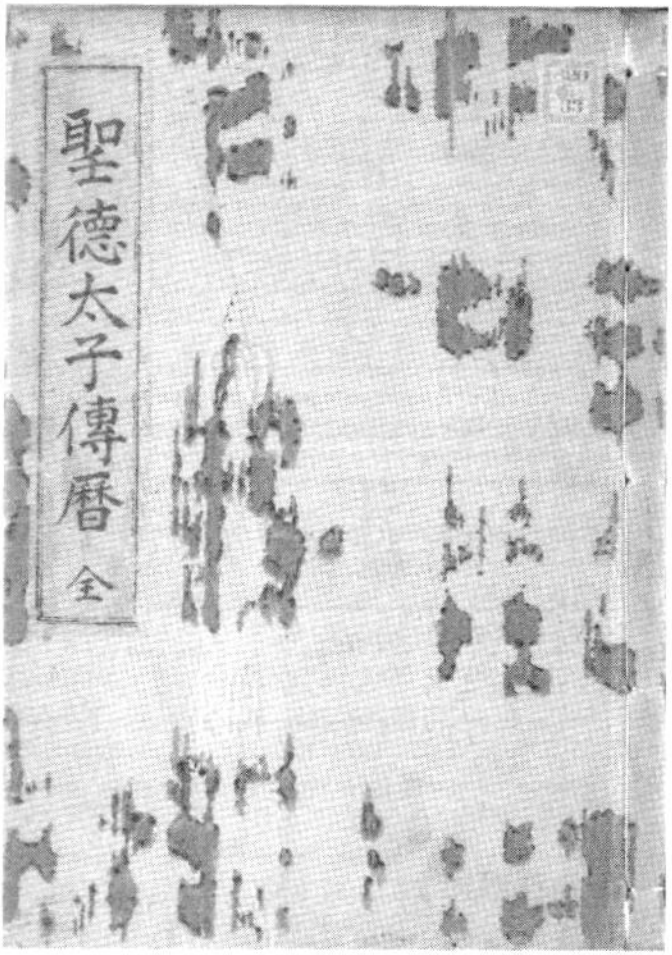

『聖徳太子伝暦』の表紙（国立国会図書館蔵）

聖徳太子は斑鳩《いかるが》の北の方角（山《やま》背《しろ》、山城）の美しい村の夢を見た。奇瑞《きずい》（めでたいことの前兆）があり、秦河勝らにもてなされる夢だ。秦河勝は「それは葛野《かどの》のことです」と申し上げたので、聖徳太子は訪れてみた。すると、四神《しじん》相応《そうおう》のすぐれた地形の土地だった。聖徳太子は、自らの入滅の二百年後に都はここに遷《うつ》されるだろうと語り、秦河勝に命じて、蜂岡寺を建立させた……。

『聖徳太子伝暦』は平安時代に記された文書で、秦河勝と聖徳太子のつながりの深さは、太子信仰の隆盛とともに語られるようになったと思われる。太子信仰の担い手は秦氏だった。

祟っていた蘇我入鹿

なぜ秦氏は、太子信仰の担い手になっていったのだろう。そして、聖徳太子は実在しなかったとすれば、なぜ「太子信仰」が広がりを見せていったのだろう。

やはりここで、発想を変えてみなければならない。聖徳太子は、蘇我氏全盛期の蘇我氏をひっくるめて完成した虚像と筆者は見る。とすれば、後世の秦氏は、蘇我氏を敬い祀っていたわけで、その理由を探る必要がある。単純に、「尊敬していたから」ではないだろう。広隆寺の本尊に祀りあげ、しかも、天皇家を巻き込んで、三十三歳像を敬いつづけるのは、尋常ではない。何か、裏を感じずにはいられないのだ。しかも、太子信仰が「身分の低い者」「世間から蔑視《べっし》された者たち」の間に広まっていったところに、大きな意味が隠されているようにも思えてくる。

詳述は避けるが、秦氏はこののち平安京遷都で、地元の地の利を活かし飛躍を期待し藤原氏にすり寄っていったが、利用された挙げ句に捨てられたのだった。それだけならまだしも、次第に秦氏は差別されるようになっていくのである。虐《しいた》げられ、見下された秦氏は、太子信仰を広めていく。ここに、「深い意味」が隠されているように思えてならないのである。

なぜ秦氏は、「蘇我信仰」を人びとに勧めたのだろう。

もちろん、これまで述べてきたように、『日本書紀』の記事とは裏腹に、蘇我氏は改革派で「聖徳太子のような正義の味方」だった可能性は高い。とすると、秦氏は「尊敬すべき人たちだから、祀った」のだろうか。しかし、「丁重に祀られる人」は、日本ではたいがいの場合、「畳の上で死んでいない正義の者」なのだ。すなわち、罪なくして殺された人を敬い、恐れ、祀りあげる。

平安時代の菅原道真《すがわらのみちざね》がよい例だ。現在では北野天満宮《きたのてんまんぐう》（京都市上京区）に祀られる学問の神だが、最初は祟《たた》る恐ろしい神だった。改革事業を手がけ、あともう一歩で完成するというところで、藤原氏の陰謀にはめられ、一家離散を強要され、配所でみな悲惨な生活を送り、憤死した。死後、菅原道真追い落としに関わった人々が次々に変死するに及び、「菅帥《かんそち》（菅原道真）の霊魂宿忿《しゅくふん》のなす所なりという」と、みな震え上がったのだ。

蘇我入鹿も祟って出たと、古代人は信じていたようだ。『日本書紀』斉明《さいめい》元年（六五五）夏五月の条には、奇怪な記事が残される。

大空に竜に乗った者が現れた。唐人《もろこしびと》に似た青い油笠《あぶらがさ》を着た異形《いぎょう》の者が、葛城《かつらぎ》山《さん》から生駒山《いこまやま》に飛び、昼頃西に向かって住吉《すみよし》の松嶺《まつのみね》からさらに西に飛んでいった……。

笠を被《かぶ》って身を隠す者は、鬼と考えられていた。この男、何者なのだろう。なぜか斉明天皇は、鬼につきまとわれた。ちなみに、斉明天皇は蘇我入鹿暗殺現場に立ち会った皇極天皇と同一人物である。

斉明七年（六六一）五月、百済救援のための遠征軍が北部九州に陣を張った。斉明天皇は内陸部の朝倉　橘　広庭宮《あさくらのたちばなのひろにわのみや》（福岡県朝倉市）に留《とど》まったが、ここで悲劇が起こる。近くの神社の木《き》を伐って宮を建てたために雷神が怒り、落雷し、宮中に鬼《おに》

朝倉橘広庭宮跡（朝倉市）

火《び》（人魂か）が現れ、舎人《とねり》（下級役人）や近習《きんじゆう》の者が病で亡くなった。斉明天皇は七月に崩御《ほうぎよ》した。

斉明の葬儀のとき、朝倉山の上から、大笠を被った「鬼」がその様子を臨みみていた。人びとはみな、怪しんだ……。

不気味な話だ。平安時代末期に編まれた編年体の歴史書『扶桑略記《ふそうりやつき》』は、斉明天皇にまとわりつく鬼を指して「豊浦大臣《とゆらのおおおみ》の霊」と言っている。これは、蘇我蝦夷か入鹿のことで、斉明天皇が怯《おび》えたのは、断末魔《だんまつま》の声を発した蘇我入鹿であったろう。

秦氏の技術は陳腐化していった？

蘇我本宗家は、罪なくして滅ぼされたのだ。しかもこののち、藤原氏は権力を独占するまでの間、「親《しん》蘇我派」の豪族や皇族を根こそぎ倒していった。だからこそ、藤原氏は祟りを恐れ、法隆寺を丁重に祀りあげたのだ。敗れ去り、罪なくして消されていった人物群の象徴が、「聖徳太子」だったといってもよいだろう。梅原猛が推理したように、上宮王家滅亡事件の黒幕が中臣鎌足だったから法隆寺を祀ったのではない。

では、秦氏はなぜ「聖徳太子」を祀ったのだろう。まず、そもそも秦氏とは何者なのか、説明しておこう。

秦氏は新羅系の渡来人集団だ。応神《おうじん》天皇の時代に来日したらしい。断言できないのは、『日本書紀』の記事が不透明で、「秦氏の祖とおぼしき人物が来日した」ことがわかるだけだからだ。ただし、『古事記《こじき》』や『新撰姓氏録《しんせんしょうじろく》』の記事などから、「秦氏は応神天皇の時代に来日した新羅《しらぎ》系の渡来人」というのが定説となっている。

また、秦氏自身は、「中国の秦《しん》の始皇帝《しこうてい》の末裔」を自称していたようだ。ただし、出自に関しては、ここでは深入りしない。問題は、蘇我氏と秦氏の関係である。

秦氏は、血縁で結ばれた集団ではない。渡来集団をひと括《くく》りにして秦の姓を下賜《かし》されたのだ。だから、擬制的で人工的な氏族であり、その時々、勢いのある者が、秦氏の長者になった。

秦氏は山城（山背）を拠点に、朝鮮半島から携《たずさ》えてきた土木技術を駆使して殖産興業に努め、農地を広げていった。土着の民と融合し、技術者集団を束ね、日本列島に広大なネットワークを広げていき、莫大な富を蓄えていったのだった。

欽明《きんめい》天皇即位前紀には、次のようにある。欽明が幼いころ夢を見て、「秦大津父《おおつち》を寵愛すれば、成人してから必ず天下を治めるようになる」と、ある人が申し上げた。そこで使者を差し向けて捜しだし、そば近くに仕えさせた。すると「大きに饒富《にぎはひ》を致《いた》せり」、つまり、富が集まってきたという。

秦氏の伝説には、豊穣や富にまつわる伝説が多い。おごり高ぶって失敗することもあったという。渡来系豪族は役人としての地位は望めなかった。そのかわり、朝鮮半島から持ち込んだ技術力を活かして、力強く生きていたわけである。

秦河勝を祀る大避神社(赤穂市)

それまで手がつけられなかった荒地に水路を築き、田畑にしたのが秦氏だった。

蘇我氏は渡来系技術者を抱え込み、上手に使いこなして力を得たといわれているが、秦氏も蘇我氏との間に強いつながりがあって、だから「仏像でつながっていた聖徳太子と秦河勝」の話が『日本書紀』に採録されたのだろう。

国家と王家に富をもたらす殖産の豪族・秦氏。ところが彼らには、大きなジレンマがあった。それは、技術が日に日に陳腐化していくことだった。事実、雄《ゆう》略《りゃく》天皇の時代に「今来《いまき》の才伎《てひと》」がやってきて、東漢氏が統率するようになったという。今来の才伎は「新しくやってきた技術者たち」で、東漢《やまとのあや》氏は秦氏のライバルの渡来系豪族だった。

東漢氏といえば、乙巳の変で蘇我入鹿が殺されたあと、最後の最後まで、蘇我蝦夷を守ろうとしていた人たちだ。蘇我氏の信頼が厚かった人たちである。

もし仮に、秦氏の技術が陳腐化する一方、東漢氏が新技術を駆使して台頭していたとすれば、秦氏に焦《あせ》りがあっただろうし、蘇我氏に対する不信感も募っていったのではなかったか。

さらに、蘇我氏が律令《りつりょう》制度を導入しようと考えていたとしたら、秦氏は「長い年月をかけて開墾してきた田畑を、むざむざ奪い取られてしまう」という思いも強かったろう。その点、秦河勝に蘇我入鹿殺しの動機は備わっていたのである。

蘇我入鹿の乱を避けて、播磨に逃げて祟った秦河勝

ただ、動機が見つかったからといって、殺人犯と決め付けることはできない。けれども、秦河勝にまつわる不思議な伝承が、秦河勝実行犯説を後押ししている。

まず世阿弥《ぜあみ》の『風姿花伝《ふうしかでん》』には、次のようにある。

秦河勝は歴代の王家と聖徳太子に仕えたが、化人《けにん》（化生《けしょう》の人、化け物、変化《へんげ》）は、跡形もなく消えるものだからと、難波《なにわ》から「うつほ舟（丸木舟）」に乗って、風に任せて西に向かった。すると、播磨国《はりまのくに》坂越《さこし》の浦《うら》（兵庫県赤穂市の大避《おおさけ》神社）に着いた。浜辺の人たちが引き上げると、乗っていたのは人間ではなく、人びとに憑依《ひょうい》し祟りをもたらした。そこで神と崇めると、国は豊かになった……。

いっぽう播磨の地誌『播磨鑑《はりまかがみ》』には、次のような話が載る。

皇極二年（六四三）九月、秦河勝は「蘇我入鹿の乱」を避けるために、難波から坂越の生島《いきしま》に逃れてきた。地元の人に歓迎されたが、死後生島に葬られ、神として祀られたというのである。ちなみに、大避神社の伝承によれば、秦河勝がやってきたのは、皇極三年（六四四）九月十二日で、八十三歳だったという。

なぜ秦河勝は、地元を離れ、播磨に向かったのだろう。『風姿花伝』の言う、「化人」とは、何を意味しているのだろう。なぜ秦河勝が化け物で、祟りをなしたのだろう。

一般に、「蘇我入鹿の乱」とは、皇極二年（六四三）十一月の上宮王家滅亡事件

秦氏の祀る伏見稲荷の千本鳥居（京都市伏見区）

と考えられている。『日本書紀』を素直に読めば、そのとおりなのだ。けれども、聖徳太子も山背大兄王も上宮王家も虚像だったと考えると、秦河勝の逃避行が大きな謎になってくる。しかも、架空の王（山背大兄王）の名に「山背（山城、京都）」の名があてがわれていることは、無視できない。古代の「Mr.京都」といえば、秦氏以外に考えられないのである。

山背大兄王《やましろのおおえのみこ》が生駒山に逃れたとき、「深草屯倉《ふかくさのみやけ》（京都市伏見区《ふしみ》）に逃れ、そこから東国に逃れましょう」と進言を受けた。京都市伏見区といえば、伏見稲荷《いなり》を思い出すが、ここは秦氏の祀る神社だ。まさに秦氏の根城《ねじろ》なのである。

山背大兄王は「山背の王＝京都の王」であった。また、山背大兄王は張りぼてだったとすれば、「山背大兄王」は「京都の秦河勝」を暗示する隠語だったのではあるまいか。そして、蘇我入鹿と対立した秦河勝は播磨に逃れた……。しかも、『日本書紀』の中では蘇我入鹿が山背大兄王を追いつめていたが、実際には、秦河勝が蘇我入鹿を滅ぼし、播磨に逃れていたのではあるまいか。この一連の事件を、播磨では『日本書紀』の記事にあわせて「蘇我入鹿の乱」と呼び、あたかも上宮王家滅亡事件であるかのように見せかけたのではあるまいか。なにしろ『日本書紀』には、「秦河勝が蘇我入鹿を殺した」とは書かれていないからだ。

常世の神を殺してしまった秦河勝

実行犯が秦河勝だったのではないかと疑うのは、『日本書紀』の蘇我入鹿暗殺一年前の記事も大きな理由のひとつだ。

上宮王家滅亡から半年後の皇極三年（六四四）秋七月、東国の不尽河《ふじのかわ》（富士川）のほとりで、大生部多《おおふべのおお》なる人物が虫を祀るように村里の人びとに勧めた。虫は常世《とこよ》の神で、祀れば富と長寿を得るという。巫覡《ふげき》（神託を伝える者。「巫」は巫女《みこ》、「覡」は男性のシャーマンで、民間信仰の担い手）らも神託と偽り、次のように説いて回った。

「常世の神を祀れば、貧しい者は富を得、老いた者は若返る」

家の財宝を捨てさせ、酒、野菜、家畜を道端に並べて「新しい富が入ってきた」と叫ばせた。みな、福を求めて珍宝を捨てた。しかし御利益はなかった。

葛野の秦河勝は、民が惑わされているのを憎み、大生部多を討ち取った。巫覡らは恐れて活動をやめた。

まるで現代の新興宗教が興《おこ》した事件にそっくりだ。秦河勝は、民を憐《あわ》れみ、ウソ八百を並べた大生部多を懲《こ》らしめ、周囲の巫覡らを追い払ったのだろう。これは、美談である。

ところがひっかかってくるのは、次の歌が残されているからだ。時の人は、次の歌を作った。

太秦《うずまさ》は　神《かみ》とも神《かみ》と　聞《きこ》え来《く》る　常世《とこよ》の神《かみ》を　打《う》ち懲《きた》ますも

「太秦＝秦河勝」は、神の中の神と噂《うわさ》された常世の神を打ち懲らしめた……。

「常世」とは何だろう。ふたつのイメージがあって、死後の世界と不老長寿の世界だ。まったく正反対に見えるが、誰もが崇《あが》めていた神は、死後の神ではあるまい。不老長寿の神が、常世の神であろう。

この歌だけを見れば、秦河勝は、「殺してはいけない人を殺してしまった」ととることができる。神の中の神と噂された人を殺してしまったのが秦河勝だったと言っている。『日本書紀』の話は根本的に矛盾《むじゅん》しているし、もしこの歌の方が事実に近かったとすれば、何かを誤魔化《ごまか》していたことになる。

蘇我入鹿暗殺の直前の『日本書紀』の記事は、蘇我氏の専横以外は政治的空白状態といってよく、何が描かれているかというと、度重なる天変地異と不気味な凶兆、巫覡たちの予言が続いている。そして大生部多の事件、乙巳の変と続いていく。蘇我本宗家滅亡が、まるで天命だったかのような印象を受ける。もちろん、これは、『日本書紀』編者の演出であろう。

問題は、その中でも蘇我氏のまわりに巫覡が集まってくることなのだ。

皇極二年（六四三）二月是月条には、蘇我蝦夷と巫覡の話が載っている。

国内の巫覡らは、小枝を折り、木綿《ゆう》をかけ垂らして（神事に用いる）、大臣（蘇我蝦夷）が橋を渡るときをうかがい、争って神語《かむがたり》の微妙な意味合いを伝えようと述べ合った。ところが、巫覡の数が多すぎて、すべて聞き取ることができなかった。

皇極三年（六四四）六月是月条にも、そっくりな話が載っている。やはり巫覡が神語を述べたが、あまりにも多くの巫覡がいたので、大臣（おそらく蘇我蝦夷）は、はっきりと聞き取ることはできなかった。老人たちは、「時勢が変わる兆《きざ》しだ」と言った。

また、この時代、巷には謡歌《わざうた》があふれ、民が多くの「諷刺《ふうし》」や「暗示」を投げかけている。

民間信仰の担い手と民が、蘇我本宗家に対し、何かを必死に訴えようとしていたのである。しかしその内容は、はっきりと蘇我本宗家の耳には入らなかった……。

これらの説話は、乙巳の変の直前まで、おそらく蘇我氏による改革事業が押し進められていたこと、その日程を含め、多くの事実を消し去るために用意された「穴埋めの説話」であると同時に、何かしらの真実を隠しもっているのではないだろうか。

中村修也は『秦氏とカモ氏』（臨川選書）の中で、『日本書紀』が謡歌と巫覡の神託の意味を明確に記事にしないのは、彼らがみな、蘇我氏に対して批判しているのではなく、むしろ「結託」していた、とする。

そしてここで問題にすべきは、民間信仰、低俗な信仰を支えていた「庶民」が蘇我氏と「結託」していたこと、秦河勝が「巫覡や庶民に慕われていた常世の神＝大生部多」を懲らしめてしまったという話の直後に蘇我入鹿暗殺劇が勃発することだ。これは偶然ではなく、『日本書紀』は「本当の蘇我入鹿暗殺」を、すでに、大生部多の死の場面で語っていたのではあるまいか。

なぜ蘇我入鹿殺しの英雄が祟る鬼になったのか

大生部多の事件が「東国《とうごく》で起きていた」という設定も無視できない。蘇我氏は強く東国と結ばれていたからだ。すでに述べたように、藤原氏が実権を握った八世紀以降、天皇が崩御したり、都周辺で変事が起きると、東国に通じる三つの関が閉じられた。これは、藤原氏の政敵が東国に大挙して住んでいたからなのだ。謀反人《むほんにん》が東国に逃れるのを防いだ。東国で挙兵されると厄介《やっかい》なことになる。

なぜ厄介かというと、蘇我氏や尾張《おわり》氏、あるいは阿倍《あべ》氏、大伴《おおとも》氏ら、藤原氏の政敵が、東国とつながっていたのだ。

蘇我氏全盛期、蝦夷たちは飛鳥に招かれ、歓待され、良好な関係が構築されていた。蘇我氏は身辺を守るガードマンに、「東方儐従者《あずまのしとべ》（東国の屈強の兵士）」を重用したし、蘇我入鹿の父の名が「蝦夷」なのも、彼らが東国とつながっていたからだろう。すでに述べたように、越は「蝦夷の盤踞《ばんきょ》する地」と位置づけられていたが、この一帯には蘇我系の枝族《しぞく》が多く住む。

壬申《じんしん》の乱の章で詳述するように、東国に逃れた大海人皇子《おおあまのみこ》も、蘇我氏と尾張氏と強く結ばれていた人物だ。八世紀以降の藤原政権にとって東国は厄介な場所だったが、すでに蘇我氏の時代、東国は親蘇我的な土地だったわけである。

そして、そうなってくるとやはり、秦河勝が大生部多を懲らしめた事件と蘇我入鹿暗殺は、結びついてくる。秦河勝は実際には蘇我入鹿暗殺の実行犯で、そそのかしたのが中大兄皇子と中臣鎌足だったと、筆者は考える。

けれども、そうなってくると、ひとつ引っかかってくるのは、『日本書紀』がなぜ実行犯の名を伏せたのか、そしてなぜ中大兄皇子と中臣鎌足だけが英雄になって、秦河勝は名前を伏せられたのだろう。

そしてもうひとつ、謎がある。というのも、秦河勝は祟る鬼（御霊神《ごりょうじん》）と恐れられていたからだ。世阿弥の女婿《じょせい》・金春禅竹《こんぱるぜんちく》の『明宿集《めいしゅくしゅう》』にも、秦河勝が播磨に向かって、人びとを苦しめたとある。

秦河勝は業を子孫に譲り、「世に背《そむ》き」、うつほ舟に乗って西海に出た。播磨国の海人《あま》が舟をあげてみると、神となっていた。近隣の者に祟ったので、大きに荒るる神という。その後、坂越の浦に崇め、宮を建て、西海道を守る神となった……。

やはり、秦河勝は播磨で鬼になっている。祟りを振りまいて、人びとを恐れさせていたのだ。なぜ、「蘇我入鹿殺しの英雄」が、播磨で鬼にならねばならなかったのだろう。

政権をゆすりつづけた秦氏

『日本書紀』は、極端な親百済系の歴史書で、それはなぜかといえば、理由は藤原不比等が中臣鎌足の子だからだろう。中臣鎌足は人質として来日していた百済王子豊璋《ほうしょう》（余豊《よほう》）ではないかと、筆者は考えている。このあたりの事情は「白村江《はくすきのえ》の戦いと女帝の悲劇」の章で詳しく触れるので、ここでは深入りしない。

『日本書紀』は親百済系の姿勢を貫いている。これは、藤原不比等の思いがこもっているからだろう。また、たしかに「親百済」は長い間ヤマト朝廷の外交方針でもあった。

そして、朝鮮半島の高句麗と百済と新羅は、互いに憎み合い、ときには手を組み、ときには闘った複雑な関係にある。その中でも百済と新羅は犬猿の仲で、心底憎み合っていた。八世紀以降、親百済系の朝廷は朝鮮半島の新羅を敵視し、蔑視《べっし》していくが、その過程で「新羅系の秦氏」も窮屈な思いをしていくのである。

このような状況のもとで書かれた歴史書が『日本書紀』で、蘇我本宗家の実像は裏返り、大悪人に仕立て上げられた。そして、これを懲らしめたのが中大兄皇子と中臣鎌足という「神話」が構築され、秦河勝の存在は邪魔になってしまったのだ。だから『日本書紀』の中で、秦河勝には東国の大生部多を殺すという役回りがまわってきたのだろう。蘇我本宗家を大悪人に仕立ててしまった以上、秦河勝が殺したことを正直に書けば、その歴史上の大手柄を渡してしまうことになるのだ。

しかし、くり返すが蘇我入鹿暗殺の実行犯は、秦河勝だろう。そして、秦河勝は犯行後、飛鳥川、大和川を一気に下り、難波で瀬戸内海を西に向かい、播磨の坂越にたどり着いたにちがいない。

この仮説を当てはめると、なぜ広隆寺の聖徳太子三十三歳像に天皇家が即位儀礼の服を贈りつづけてきたのか、その真意がつかめてくる。

奈良時代末から平安時代初期、秦氏は一気に政権の中枢に昇りつめるチャンスを得た。藤原氏とも婚姻関係を結び、平安京遷都《せんと》が実現すれば、「政権を秦氏の地元に連れてくることができる」し、「秦氏のネットワークの中に都がすっぽりとはまる」のであって、願ったり叶《かな》ったりだった。

ところが、ひとつの事件をきっかけに、秦氏は急速に勢いを失っていく。それは、藤原氏の陰謀と思われるのだが、秦氏は利用された挙げ句に捨てられてしまった。それだけならまだしも、新羅系の秦氏は、親百済政権下で蔑《さげす》まれていく……。それでなくとも、秦氏の構築してきたネットワークは、後の世の漂泊《ひょうはく》する民、道々《みちみち》の輩《ともがら》と呼ばれる人びとの原型となる職人や芸人、商工民などが多く、差別されやすかったのだ。

そこで秦氏は、このネットワークの絆《きずな》を強め、権力者と対抗するために、太子信仰を広めていったのだと思う。

被差別民《ひさべつみん》の中には、「供御人《くごにん》」の流れを汲《く》む者がいて、天皇家や神に仕え、奉仕した。神社や天皇に供御（飲食物などのお供え）を献《けん》ずる見返りに、天皇から通行の自由、税と諸役《しょやく》の免除、私的隷属からの解放という特権を獲得していくのである。

網野善彦は『無縁《むえん》・公界《くがい》・楽《らく》』（平凡社ライブラリー）の中で、天皇が永続したのは、被差別民の支えがあったからとする。それほど単純ではないと思うが、視点は斬新で、無視できない。

たしかに、差別される最下層の人びとは、「天皇」を「うまく使いこなしていた」

と思う。けれどもこれには、「合理的な裏付け」があったのではないか。それが、秦氏の仕掛けた太子信仰なのだ。

秦河勝は蘇我入鹿を殺しているのに、『日本書紀』は「殺していない」と言う。けれども、秦河勝の末裔は、「聖徳太子の正体」と、「蘇我入鹿暗殺の真相」をよくわかっていた。それは、彼らが当事者の末裔だからだ。当然、祟る蘇我入鹿を彼らは必死に祀ってきたのだ。秦氏には、深い慚愧《ざんき》の念があっただろう。それは、蘇我入鹿を殺すことによって、「藤原氏一党だけが肥え栄える体制を招き寄せてしまった」からである。多くの民がこれで苦しみ、秦氏も、「藤原氏の言うことを聞かなければ滅ぼされる恐怖」を味わいつづけていくことになる。

秦河勝をそそのかして蘇我入鹿暗殺を仕向けたのは、中大兄皇子と中臣鎌足であろう。中大兄皇子はその後の天皇家の祖、中臣鎌足は藤原氏の祖なのだから、政権の基礎固めにもっとも貢献したのは秦氏であろう。しかし、秦氏は利用されて捨てられたのだ。そして、秦氏は蔑まれている。この屈辱を、彼らは「開き直る」ことによって「利」にかえていったのであろう。王家や藤原氏に対し、聖徳太子と蘇我入鹿のカラクリ、藤原氏の正体、蘇我入鹿暗殺の黒幕などなど、すべての真相を暴露すれば、王家と藤原氏の権威など吹っ飛んでしまう。これをカード（悪く言えば、ゆすりの材料）に、秦氏の構築したネットワークは、天皇から数々の特典を引き出していたのだろう。広隆寺の聖徳太子三十三歳像に、歴代天皇が即位儀礼の服を贈りつづけてきた理由も、これではっきりとわかった。

蘇我入鹿を殺した実行犯は秦河勝で、黒幕は、中大兄皇子と中臣鎌足だ。

第八章　大化改新と蘇我倉山田石川麻呂の滅亡

『日本書紀』は本当の改革のドラマを描写していない

学校の教科書には、古代史最大のトピックとして、皇極《こうぎょく》四年（六四五）の乙巳《いっし》の変（蘇我本宗家《そがほんそうけ》滅亡）と大化《たいか》二年（六四六）の大化改新が掲げられていて、われわれは、疑うことなく、素直に「改革事業が成し遂げられたのだ」と信じてきた。蘇我入鹿《いるか》暗殺と大化改新はセットだから、蘇我入鹿を殺したことで、改革はスムーズに断行されたという流れも、素直に受け入れてきた。

しかし、改革には、多くの障害があったはずなのだ。物部《もののべ》氏の例を見るまでもなく、多くの豪族たちは「これまで積み上げてきた財産を、なぜ取りあげられなければならないのだ‼」と不満をぶちまけただろうし、みんな、不安と不満を抱えていたはずだ。彼らを、どうやって説得したのだろう。蘇我入鹿を殺しただけで、なぜ改革はうまくいったのだろう。

歴史学者たちは、これらの難題を、「制度史」という、理詰めの方法で説き明かしてきたのである。

ただし、この「制度史」が、一般の読者にはむずかしい。古代史の本を読破するのに古代史初心者が苦労するのは、難解な「人名」に辟易《へきえき》し、つぎに「制度史」を退屈に感じてしまうからだ。

たとえば大化改新といえば、教科書で習い、だいたいのことは知っているつもりでも、少し専門的な本を手に取ると、法制度や政権の支配システムがいかなるものだったのか、すべて無機質で合理的な説明が続く。これが、なかなか難解で退屈なのだ。

「システムがこのように行き詰まって、このように改善していったら、このような形になった」

と、理詰めで説明は続くが、納得はできても、どうにも記憶に残らない。

学生ならともかく、ひとたび社会人になって世間の荒波に揉《も》まれた人間なら、集団に染みついた慣習を変えるだけでも、どれだけ大変かをよく知っている。まして、既得権益を引きはがし、世襲制を禁止し「明日から同じラインに立って競争で勝った者が権益を得る」と言いだそうものなら、社会全般が大パニックになることは、容易に想像がつくところだ。

もちろん、大混乱は起きていたはずなのだ。そして、いくつもの人間ドラマが生まれていたにちがいない。『日本書紀』の言うように、「聖者・聖徳太子《しようとくたいし》が現れて、改革を唱《とな》えたら多くの者が賛同し、改革の芽が吹いた」という話は、まったく信用ならない。

「先祖代々の土地は、絶対に手放さない‼」

「聖徳太子を引きずり下ろせ‼」

「いっそのこと、殺してしまえ‼」

と、大騒ぎになっていたにちがいない。それを『日本書紀』は、

「聖徳太子の改革事業は順調で、聖徳太子本人も支持されていたが、蘇我氏が抵抗し、すべてぶちこわした」

というイメージでこの間の様子を語っている。

『日本書紀』は、蘇我入鹿という邪魔者を消したから制度改革はうまくいったと言っているが、ならば聞くが、蘇我氏以外の豪族たちは改革を待ち望んでいたのだろうか。

いやいや、それよりも、この改革事業を思いつき、改革を成し遂げるまでの苦難

の日々、豪族と王家の愛憎にまみれた血みどろの人間活劇を、『日本書紀』はほとんど活写していない。制度史から古代史を説き明かしたとしても、こんなに面白い緊迫した場面を、再現しない手はないではないか。歴史のもっとも面白いのは大変革期なのであって、『日本書紀』の描いた「ウソだらけの歴史」や、制度史で描いた平面的な歴史など、何の意味もない。われわれが求めているのは、泥臭い、涙と心の歴史なのである。

改革の流れを整理する

大化改新の真相を明らかにしてみたいものだ。

もし「蘇我氏は改革派だった」という私の考えが正しいとしても、ここで大きな矛盾《むじゅん》が出てくる。『日本書紀』に従えば、蘇我入鹿の死後、改革は一気に進んだというからだ。これが事実なら、やはり蘇我氏は改革の邪魔だてをしていた可能性が出てくる。

すでに述べたように、改革事業に先鞭《せんべん》をつけたのは、五世紀後半の雄略《ゆうりやく》天皇だったようだ。そして、混乱状態に陥《おちい》り、越《こし》から男大迹王《おおどのおおきみ》（継体天皇《けいたいてんのう》）が迎え入れられ、中央集権化への次のステップが完成した。

次に特筆すべきは、聖徳太子であろう。推古《すいこ》天皇即位と同時に皇太子となり、摂政《せっしょう》となって次々と改革事業を押し進めていく。どれも、のちの律令《りつりょう》制度を意識した事業であった（ここでは、『日本書紀』の記述を信じれば、という形で話を進めていく）。

たとえば、推古十一年（六〇三）に制定された冠位十二階《かんいじゅうにかい》がそうだ。冠位十二階は、まず「徳」を最上位に掲げ、「仁《じん》・礼《れい》・信《しん》・義《ぎ》・智《ち》」の五行《ごぎょう》思想における徳目を冠名にして、それぞれに「大・小」二段階に分けた十二段階からなる冠位制度だ。「大徳」「小徳」から「大智」「小智」まで続く。冠位ごとに色の違う冠を被《かぶ》り、新たな秩序を構築しようという目論見《もくろみ》だ。

狙《ねら》いは、世襲化された官位を改め、実力があれば出世も可能な官僚システムに作り替えようというものではなかったか。

憲法十七条は、後世の文飾《ぶんしょく》が見られるから、実際に聖徳太子が作成したものかどうか疑わしいとされるし、「憲法」や「法律」というよりも「支配する者はこうあるべきだ」という訓示に近い内容だ。それでも、のちの改革事業の理念を打ち出しているという点で、無視できないものがある。

たとえば第三条には、次のようにある。

天皇の詔《みことのり》を承《うけたまわ》ったなら、必ず謹んで従え。君は天で、臣《おみ》は地である。天は覆い、地は載せる。こうして四季はめぐり、万物は生成する。地が天を覆えば、秩序は乱れ万物は破滅する。だから、君が命じるときは、臣承り、上が行なうときは、下は靡《なび》く。ゆえに、詔を受けたときは必ず慎め。謹まなければ、自ら敗れるだろう。

ここでは、天皇を頂点とする秩序を重んじている。そして第五条と第十一条で、裁判と刑罰について言及している。第十二条で、国司《こくし》や国造《くにのみやつこ》は搾取《さくしゅ》をしてはならないと戒《いまし》めている。国に主は二人いないこと、民に主は二人いないと言っている。

やはり、憲法十七条は、律令制度の理念を先取りしている。ところが聖徳太子の改革事業は順調に進まなかった。聖徳太子が飛鳥《あすか》から斑鳩宮《いかるがのみや》に移ったのは、蘇我馬《うま》子《こ》と反《そ》りが合わず、隠棲したからではないかとも考えられている。やはり、蘇我本宗家は、改革の邪魔になった……。

前述したように、蘇我蝦夷《えみし》と入鹿が自分たちの墓を造ったとき、上宮王家《じょうぐうおうけ》の民を勝手に使い、聖徳太子の娘が「天にふたつの太陽はなく、国に二人の王はいない」と発言し、蘇我氏が勝手に上宮王家の乳部《みぶ》の民を使役していたこと、その専横《せんおう》ぶりをなじっているが、これに憲法十七条の第十二条を重ねてみると面白い。聖徳太子の描いた理想の国家像を、蘇我氏はみごとに裏切っていたのである。

民は改革を喜んでいた

聖徳太子が改革事業を手がけたにもかかわらず、蘇我本宗家が潰してくれた……。だからこそ、中大兄皇子《なかのおおえのみこ》と中臣鎌足《なかとみのかまたり》は正義の味方になって、蘇我入鹿を成敗し、制度改革を断行した……。これが、『日本書紀』の描いた乙巳の変、大化改新の図式なのである。

ならば具体的に、蘇我入鹿暗殺後、政局はどのように動いていったのだろう。まずは、皇位の行方《ゆくえ》だ。

皇極四年（六四五）六月、皇極天皇は皇位を息子の中大兄皇子に譲る詔《みことのり》を発した。ちなみにこの場面、『日本書紀』には「詔して曰《い》はく、云々《しかしか》のたまふ」と、詔の内容が「云々」と、はっきりと書かれていない。じつに、怪しい。胡散《うさん》臭い。それはともかく……。

中大兄皇子は詔を賜《たまわ》り退出すると、中臣鎌足に相談している。すると中臣鎌足は、次のように諌《いさ》めた。

「古人大兄皇子《ふるひとのおおえのみこ》は殿下の兄君で、軽皇子《かるのみこ》（のちの孝徳《こうとく》天皇）は叔父君です。今、殿下が即位されれば、弟として謙遜の心に反します。そこでしばらく叔父君を立てて、民の望みにお応えになるのがよろしいでしょう」

喜んだ中大兄皇子は、この策を内密に奏上《そうじょう》した。そこで皇極天皇は、皇位を軽皇子に譲ったのだった。ただ、軽皇子は軽皇子で、古人大兄皇子に遠慮したのだが、今度は古人大兄皇子が次のように述べて辞退した。

「どうして私に譲る必要がありましょう‼　私は出家して吉野に籠《こ》もり、仏道を修行し、天皇を助け奉《たてまつ》ります」

そう言って、刀を解いて投げ出し、法興寺《ほうこうじ》の仏殿で髪と髭《ひげ》を剃《そ》り袈裟《けさ》を着たのだった（のちにこれとそっくりな場面が壬申《じんしん》の乱の章で出てくるから、覚えておいてほしい）。

これで、軽皇子は固辞できず、即位した。孝徳天皇の改新政府の誕生である。

新政権で左大臣に任命されたのは、阿倍内麻呂臣《あべのうちまろ》、右大臣は蘇我倉山田石川麻呂《そがのくらやまだいしかわのまろ》だ。中臣鎌足は、内臣《うちつおみ》という規定にない臨時職となった。ちなみに、百済《くだら》には「内臣佐平《ないしんさへい》」が、高句麗《こうくり》には「内臣」の役職があった。これらを参考にしたのだろうが、ここに大きな謎《なぞ》が隠されていることは、いうまでもない。

さて、大化元年（六四五）八月、孝徳天皇は最初の大きな仕事をする。まず次の詔を発し、東国に国司を派遣したのだった。

「天神《あまつかみ》の委任されるままに、今はじめて、万国（日本のすべて）を治めようとしている。国家のすべての公民《おおみたから》と大小豪族の有する人たちについて、任地に赴き、みな戸籍を作り田畑を検校《けんぎょう》してきなさい。（以下省略）」

国司は律令的地方官で、まだこの時代に制度が整っていたわけではなかった。したがって、現実には「国司」そのものを派遣したわけではなく、それに類する地方長官と考えればよいだろう。問題は、「戸籍を作って民を掌握する」という方針が、まさに律令制度を目指しているということなのだ。

　こうして、新政策の第一歩が踏み出された。そして同年九月、孝徳天皇は次の詔を発して、それまでの悪弊《あくへい》を絶とうとしている。

「いにしえより、天皇の代ごとに名代《なしろ》の民を置いて直轄領にしてきた。けれどもそれを管理する伴造《とものみやつこ》や国造らは、自分の部曲《かきべ》を置いて、好き勝手に使っている。また、土地を無断で割いて自分のものとし、奪いあいが続いている。しかも民はまだ貧しいのに、勢いのある者は田畑をかすめて私物化し、土地を百姓《おおみたから》に売ったかと思うと、収穫から上前《うわまえ》をはねている。これからは、土地を貸してはならない。勝手に弱い者を支配してはならない」

　これを聞いて、民は大いに喜んだという。よく似た一節が大化三年（六四七）四月条にあって、「民の心は氏族の利に固執《こしつ》し、他の者と対立した。氏族の帰属意識だけを大切にした」と言い、氏族、豪族たちの私利私欲によっていさかいが絶えず、土地と民の収奪が日常化していたと言っている。

　このような混沌《こんとん》状態から脱出するためにも、律令制度を整え、天皇を中心とする中央集権国家の建設が求められたのである。

改革事業の第一歩が大化改新だった

大化元年（六四五）十二月、孝徳天皇は都を飛鳥から難波長柄豊碕宮《なにわのながらのとよさきのみや》（大阪市中央区）に遷《うつ》した（ただし、宮が完成していたわけではないようだ）。

これは余談だが、古代の大阪は、ほとんどが海の底で、現在の上町《うえまち》台地が南北に突き出た半島のような形をしていた。その北端に、孝徳天皇は難波長柄豊碕宮を造営し、戦国時代、豊臣秀吉《とよとみひでよし》はすぐ近くに大坂城を築いている。

大化二年（六四六）元日、詔が発せられる。これがいわゆる「改新之詔《かいしんのみことのり》」である。四ヶ条からなり、内容はだいたい次のようなものだ。

（1）子代《こしろ》・屯倉《みやけ》、臣・連《むらじ》・伴造・国造・村首《むらのおびと》の所有する部曲《かきべ》の民と豪族の田地を廃止し、大夫以上のものに食封《じきふ》（財を生み出す土地）を、それ以下の者にも禄《ろく》（布帛《ふはく》）を与える。

難波宮（難波長柄豊碕宮）跡（大阪市中央区）

（2）京師《みやこ》の制度（都と地方支配の制度）を定める。国司・郡司・防人《さきもり》・駅馬《えきば》・伝馬《てんま》を置き、国境を確定する。

（3）戸籍・計帳・班田収授《はんでんしゆうじゆ》の法（農地をめぐる法律）を作る。

（4）それまでの賦役《ふやく》をやめ、新たな仕組みを作る。

このように、それまで日本にはなかった明文法をまず定め、戸籍を作り民を掌握し、各氏族が私有していた土地と民を天皇（国家）が集める。その上で民に公平に土地を分配する……。国境や税制、軍隊組織を整えて、天皇を中心とする中央集権国家は、こうして生み出されたのである。

もっとも、大化改新によって律令制度が完成したとは、今日、誰も信じていない。大化改新から半世紀後の大宝律令《たいほうりつりょう》（七〇一年）こそ、律令制度の完成というのが、定説となった。なぜ、『日本書紀』は「大化改新で律令制度は整った」と言い、通説は、「いやいや、それは考えられない」と否定するのだろう。

まず、「改新之詔」の内容が整いすぎていて、これほど徹底的な政策が、瞬時に完成してしまったとは信じられないこと。第二に、詔の文面に、明らかに後世の文飾と思われる箇所が見つかることだ。後世の「令」から書き写した文字が見受けられる。第三に、詔の中で定まった「郡《こおり》」という地方自治の単位が、これ以降も古い「評《こおり》」を使っていたことが発掘調査によってあきらかにされてしまったのだ。

このように、『日本書紀』の大化改新に関する記事は、長い間疑問視されてきた。しかしまったくのデタラメかというと、そうでもないこともわかってきた。難波長柄豊碕宮（前期難波宮《ぜんきなにわのみや》）から出土した木簡《もっかん》や他の遺物から、「『日本書紀』の言うような完璧《かんぺき》な改革事業ではないにしても、新しい一歩は確実に踏み出されていた」ことがわかってきたのだ。そもそも孝徳天皇が築き上げた難波長柄豊碕宮そのものが、先進的な思想で造られていたことがはっきりとしてきたのだ。

難波長柄豊碕宮は、不思議な特徴を備えていた。日本古来の掘立柱《ほつたてばしら》建物《たてもの》で、板葺《いたぶき》、檜皮葺《ひわだぶき》と、瓦を用いていない。ただし、規模という点でいえば、かつての宮を遥かにしのぐ規模を誇った。

また、朝堂院《ちようどういん》（大内裏《だいだいり》の中にある儀礼や儀式が行われる正殿）と内裏（大内裏の中にある天皇の住居）がつながっているなど、のちの藤原京《ふじわらきよう》と構造が異なり、むしろ推古天皇の小墾田宮《おはりだのみや》に似ている。そこで難波長柄豊碕宮は、小墾田宮と藤原京の中間に位置する過渡的な宮と考えられるようになった。

律令制度を日本列島の隅々まで広めるためには、まず国の中心を定め、土地を方眼紙にみたて、区切って細分化し、民に配らなければならない。その基準が、難波長柄豊碕宮になるはずであった。

つまり、孝徳天皇は難波長柄豊碕宮を造営し、律令制度の整備に邁進《まいしん》する決意を示したわけである。

このように、孝徳天皇の仕掛けた大化改新は、『日本書紀』の言うような「律令制度の完成」を意味しているのではなく、難波長柄豊碕宮遷都《せんと》によって、ここから階段を上っていく決意を示していたのである。

孝徳朝は親蘇我派の人脈で固められていた

そこでひとつ問題となってくるのは、この改革事業を主導していたのは誰なのか、ということだ。

かつては、中大兄皇子と中臣鎌足が主導権を握っていたと信じられてきた。それはそうだろう。憂国の志士が蘇我入鹿を滅ぼし、政権をひっくり返したと『日本書紀』には記録されていた。皇極天皇は一度中大兄皇子に譲位したというし、それどころか、中大兄皇子は余裕たっぷりに、「年功序列を守ります」と、叔父に皇位を譲ったのだった。それはなぜかといえば、多くの史学者は「皇位につかない皇太子の方が、自由に辣腕《らつわん》を振るえたのではないか」と考えていた。しかし、本当にそうだろうか。

改新政府は、親蘇我政権だったのではあるまいか。たとえば、人事を見ても、「蘇我色」がにじみ出ている。

改新政府の左大臣に任命されたのは阿倍内麻呂、右大臣は蘇我倉山田石川麻呂《そがのくらやまだいしかわのまろ》で、のちに大化五年（六四九）には巨勢徳陀《こせのとこだ》（徳太）が左大臣、大伴長徳《おおとものながとこ》（馬養《うまかい》）が右大臣に就任している。

ここに登場する重臣たちは、みな蘇我氏に近い人たちだ。

阿倍氏は継体天皇とともに越《こし》から畿内に移動してきた可能性が高い。六世紀に急速に勃興した氏族で、辺境の民と太いパイプをもっていた。阿倍内麻呂は、推古朝、舒明《じよめい》朝といった蘇我全盛期の政権で活躍した阿倍麻呂と同一人物と考えられている。蘇我蝦夷の右腕でもあった。蘇我氏に寄り添うような形で成長していく氏族である。

蘇我倉山田石川麻呂は、中大兄皇子と中臣鎌足に荷担し蘇我入鹿を裏切ったと『日本書紀』は言うが、これがまちがいであることは、のちに再び触れる。

巨勢徳陀は蘇我系氏族で、すでに述べたように、山背大兄王《やましろのおおえのみこ》襲撃の現地責任者に抜擢《ばつてき》されている。若き日の孝徳天皇（軽皇子）もこのとき参戦していたという記録があるから、おそらく両者の間に強固な信頼関係が構築されていたのだろう。

大伴氏はヤマトを代表する名門豪族であるとともに、こののち、事あるごとに藤原氏と対立して、最後は陰謀にはめられ、没落していく。この時代の大伴氏が積極的に「中大兄皇子＋中臣鎌足」コンビを支持していたという記録はない。長い歴史の中で大伴氏は「王家の体制が刷新されるときは、かならずウズの中心に立っていた」のだから、七世紀半ばのこの動乱期に、気配が希薄なのは、不思議なほどだ。もし中大兄皇子らが期待していたら、乙巳の変で活躍していただろう。それがなかったのは、大伴氏が中大兄皇子らの行動を冷ややかに見つめていたからだろう。

孝徳天皇がブレーンとして重用した高向玄理《たかむこのくろまろ》は、遣隋使《けんずいし》の小野妹子《おののいもこ》に同行し留学すると、舒明十二年（六四〇）、蘇我全盛期に帰国した逸材だった。蘇我氏が育て上げたインテリといっても過言ではないし、蘇我氏が改革事業を押し進める上で、彼の意見を求めたのだろう。高向（史《ふひと》）は渡来系氏族だが、同じ「高向」でも「高向臣《たかむくのおみ》」は蘇我系の豪族だ。高向史は高向臣の庇護《ひご》のもと、日本で活躍していたのだろう。

孝徳天皇は親蘇我派で改革派

孝徳紀を読めば読むほど、「中大兄皇子はなにも活躍していない」ことに気付かされる。これは、不自然きわまりない。中臣鎌足も同様で、「内臣」は天皇の右腕になって補佐する役職と思われるが、一度も孝徳天皇と接触していない。これも、不可解だ。中臣鎌足は「中大兄皇子の内臣」のような位置づけだ。これも、不自然だ。

中大兄皇子は孝徳天皇の最晩年、飛鳥遷都を献策し、拒否されると、孝徳を見限り、飛鳥遷都を強行してしまう。中大兄皇子と孝徳天皇は、けっして息が合っていたわけではなかった。それどころか、せっかく律令制度の基礎となる難波長柄豊碕宮《なにわのながらのとよさきのみや》が造成されたのに、なぜ中大兄皇子は「税金の無駄」となる献策をしたのだろう。

そもそも、中大兄皇子にとって、難波長柄豊碕宮は邪魔で仕方なかったのではあるまいか。

大化元年（六四五）冬十二月、孝徳天皇は都を難波長柄豊碕宮に移したが、このとき老人たちは、

「春から夏にかけて、ネズミが難波に向かって移動していたのは、遷都の兆《きざ》しだったのだ」

と語り合ったと『日本書紀』は記録する。

老人たちの言う「春から夏」は、蘇我入鹿存命中のことで、そのころネズミは移動していたと言う。これは、大きな暗示にほかなるまい。すなわち、『日本書紀』は「難波遷都はすでに蘇我政権の手で画定済みだった」と明記できず、やむなくこのような「暗示」に留めたのだろう。なぜなら、難波遷都によって律令制度の第一歩が踏み出されたのであり、その旗振り役が蘇我氏であった事実を必死にもみ消さねばならなかったのである。

ちなみに、もし仮に改新政府が中大兄皇子の主導で政策を決めていたとしたら、難波遷都はありえないことだった。なにしろ、「反蘇我政権」がクーデターによって政権を奪取した直後、難波の地に拠点を移す必要はなかったからである。

蘇我系豪族が奈良の盆地に多数残る中、盆地から見下ろせる難波に都を置くのは愚策だった。盆地に火の手が上がれば、これをおさえることは至難の業《わざ》であった。難波遷都が可能なのは、盆地内が安定し、完璧に掌握できたことを意味している。だから、難波遷都は、蘇我政権下で進められ、孝徳天皇が蘇我氏の遺志を継承したとしか考えられないのである。

そう考えると、蘇我氏の血がほとんど入っていない孝徳天皇が、なぜ蘇我系の人びとが眠る磯長谷《しながだに》（大阪府南河内郡太子町・河南町・羽曳野市）に埋葬されたのか、その意味がわかってくる。孝徳天皇は親蘇我派の天皇だったのだ。

『日本書紀』編者ご自慢のカラクリは蘇我倉山田石川麻呂

孝徳朝が「親蘇我政権」であったにもかかわらず、中大兄皇子が皇太子の立場で操っていたと長い間信じられてきたのは、『日本書紀』が「精巧なカラクリ」を用意したからにほかならない。

『日本書紀』編者ご自慢の仕掛けは、蘇我入鹿の従兄弟《いとこ》・蘇我倉山田石川麻呂を「反蘇我入鹿」にすり替えたことだろう。

『日本書紀』編者は、「蘇我倉山田石川麻呂をどう扱えばよいのか」に苦心し、「蘇我倉山田石川麻呂にどのような役回りを演じさせるか」「蘇我倉山田石川麻呂さえうまく料理すれば、孝徳朝の真相を抹殺できる」と考え、蘇我倉山田石川麻呂の存在を逆に利用することにしたのだろう。

われわれは、だまされていたのだ。「蘇我入鹿を裏切った蘇我倉山田石川麻呂が孝徳朝で重用されたのだから、孝徳朝は蘇我入鹿の政権とは反対側に位置する」と、信じてきたのである。

しかし、蘇我倉山田石川麻呂は、本当に蘇我入鹿を裏切ったのだろうか。

すでに述べたように、中臣鎌足は法興寺の打毬《うちまり》の会で中大兄皇子に接触すると、すぐさま「大事を謀《はか》るには、仲間を引き入れる必要があります」と言い、蘇我倉山田石川麻呂の長女を中大兄皇子が娶《めと》り、婚姻関係を結び、そのあとで事情を説明しようともちかける。

縁談は成立したが、長女は一族の男に盗まれてしまった。そこで次女（遠智娘《おちのいらつめ》）が自ら手を挙げ、中大兄皇子のもとに嫁いだ。

そして入鹿暗殺決行の場面で、蘇我倉山田石川麻呂は上表文《じょうひょうぶん》を読みあげ、蘇我入鹿は殺されたのだった。

わけがわからないのは、蘇我倉山田石川麻呂の役回りである。

蘇我倉山田石川麻呂が大極殿で上表文を読みあげれば、蘇我入鹿は安心する……。ただそれだけのために、「蘇我入鹿のミウチを仲間に引き入れようとした」

古代天皇家・蘇我氏関係系図

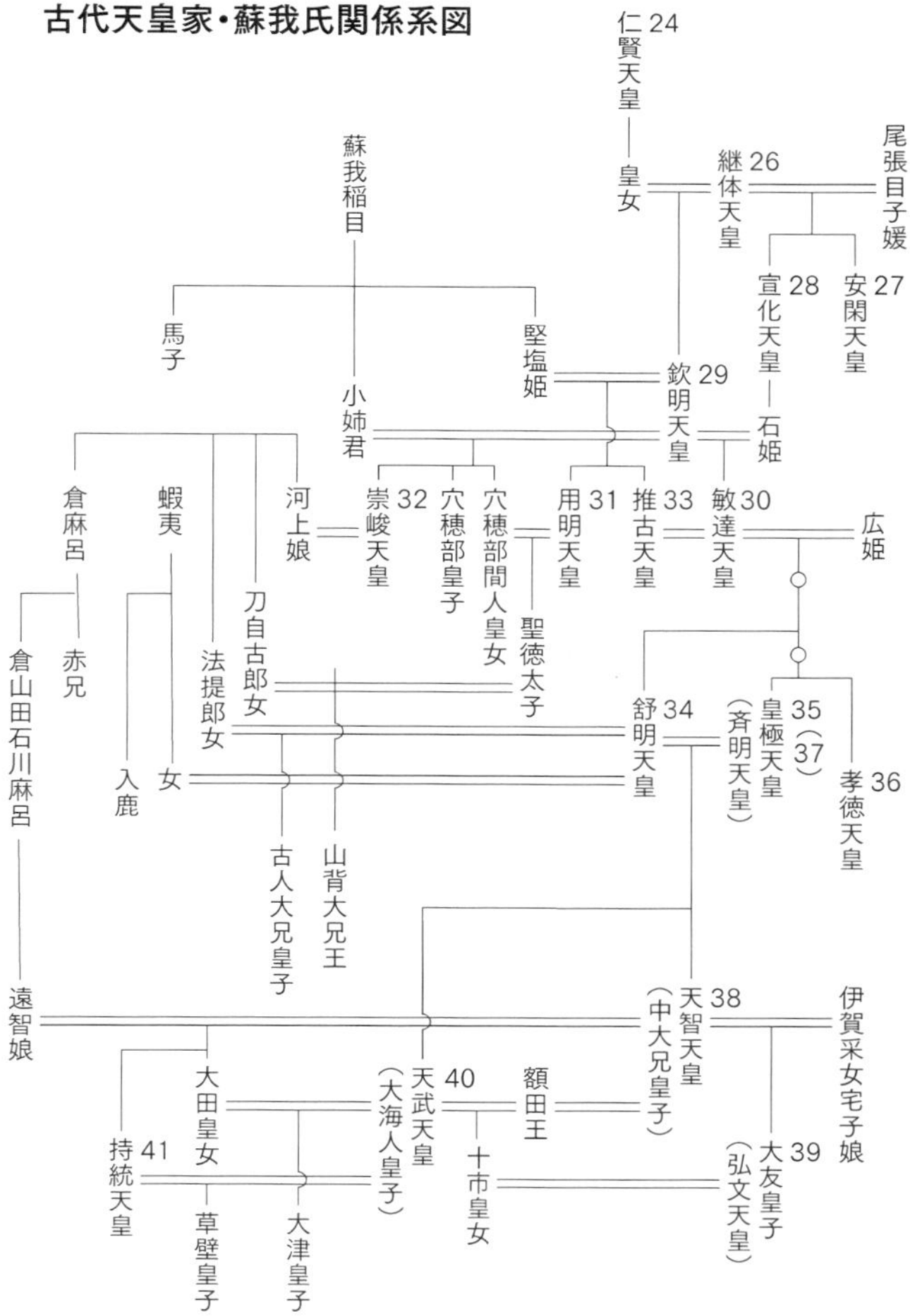

のだろうか。あまりにもリスクが大きすぎて、釣り合いがとれていない。『日本書紀』の記事を信じるわけにはいかないのである。

もし『日本書紀』の言い分が正しいのなら、わからないことが、もうひとつある。これから述べるように、中大兄皇子は蘇我倉山田石川麻呂に、ひどい仕打ちをしている。蘇我倉山田石川麻呂は乙巳の変で中大兄皇子に協力した恩人であった。その恩人に対し、中大兄皇子は残忍な行動に出ている。これは、大きな矛盾なのだ。

蘇我倉山田石川麻呂をめぐる謎を解くヒントは、一人の女性の悲劇の中に、隠されているように思えてならない。

蘇我倉山田石川麻呂と遠智娘の悲劇

「蘇我倉山田石川麻呂の長女が略奪された」という話に、興味を覚える。というのも、実際には長女ではなく、遠智娘《おちのいらつめ》が蘇我入鹿暗殺直前、中大兄皇子と中臣鎌足に誘拐されてしまったのではないかと思えてならないからである。

天智《てんち》天皇の娘、大田皇女《おおたのひめみこ》と鸕野讃良皇女《うののさららのひめみこ》（持統《じとう》天皇）を産んだのが、遠智娘だ。今に続く天皇の祖ということになる。ちなみに大田皇女は大来皇女《おおくのひめみこ》と大津皇子《おおつのみこ》の母で、若死にしている。

大化五年（六四九）三月、遠智娘は発狂して亡くなっている。中大兄皇子は嘆き悲しんだというが、原因を作ったのは中大兄皇子自身だった。それにもかかわらず、中大兄皇子の反省はそらぞらしく、『日本書紀』の記事に心がこもっていない。

遠智娘の悲劇は、父・蘇我倉山田石川麻呂の非業《ひごう》の死が原因だった。いきさつを追っていこう。

大化五年（六四九）三月、左大臣・阿倍内麻呂が亡くなった。重鎮《じゅうちん》の死は、改新政府にとって大きな痛手だった。そんな折も折、蘇我倉山田石川麻呂の異母弟・蘇我日向《ひむか》が中大兄皇子に蘇我倉山田石川麻呂の謀反《むほん》を密告した。孝徳天皇の命を狙っているというのではない。皇太子（中大兄皇子）が浜辺を逍遙《しょうよう》している隙を突いて殺そうとしていること、それほど遠い時期ではない、というのである。中大兄皇子はすばやく行動を起こした。朝廷に使者を遣わして、尋問しようとした。ところが蘇我倉山田石川麻呂は、無実を主張するのみで、埒《らち》があかなかった。

朝廷は再三使者を送ったが、

「帝に直接お会いして……」

と言い張る。やむなく朝廷が兵をくり出すと、蘇我倉山田石川麻呂は一足早く難波を離れ、飛鳥に逃れていったのだった。

長子の蘇我興志《こごし》は寺の造営のために飛鳥に滞在していたが、父が逃げてくることを知り、飛鳥の大槻《おおつき》（飛鳥寺のあたりか？）に父を出迎え、挙兵を進言した。しかし、蘇我倉山田石川麻呂は許さなかった。

その夜、興志はためしに「宮」を焼いてみようと考えた。『日本書紀』にはこの「宮」は小墾田宮（飛鳥の近辺と考えられている）だったと分注《ぶんちゅう》がある。だが蘇我倉山田石川麻呂は、

「お前は命が惜しいのか」

と言い、やはりこれを押しとどめた。

「人の臣たるもの、なぜ君に逆らうことができよう。この伽藍《がらん》は、もともと自分のために建てたのではない。天皇のために誓約して建立したのだ。私は今、蘇我日向の讒言《ざんげん》によって殺されようとしている。けれども、あの世には、変わらぬ忠誠心を

抱いて往《い》こうと思う。こうして寺に帰ってきたのは、安らかに終わりのときを迎えたかったからだ」

と言いおわると、仏殿の戸を開いて、仰ぎ、誓いを立てて、

「私は未来永劫《みらいえいごう》、帝を恨《うら》みません」

と言い、自ら命を絶った。妻子らもこれに従って殉死《じゅんし》した者が八人いたという。難波から遣わされた朝廷の軍隊は、蘇我倉山田石川麻呂が亡くなったことを知り、飛鳥にたどり着くことなく、兵を引いた。

翌日、木臣《きのおみ》麻呂《まろ》や蘇我日向らは兵を率い山田寺を囲み、物部二田《もののべのふつたの》造《みやつこ》塩《しお》に命じて、蘇我倉山田石川麻呂の遺骸《いがい》を切り刻ませた。物部二田造塩は、大刀を抜き肉片を刺し挙げて雄叫《おたけ》びを上げた。

この変に連座して殺された者、絞首刑にされた者、流罪にされた者は、あわせて三十数名出たのである。

ところが現場に使者を遣わすと、大切な品物の上には、かならず「皇太子（中大兄皇子）のための物」と、紙が貼ってあった。蘇我倉山田石川麻呂は、冤罪《えんざい》で殺されたことがわかった。これを知った中大兄皇子は、悔い、恥じ、悲しんだという。

中大兄皇子の妃・遠智娘は、父の死を聞いて、精神を患《わずら》ってしまった。父が二田造塩に切り刻まれたことを聞き、嘆き悲しみ、「塩」の言葉を聞くことも嫌った。そこで周囲の者も気を遣い「塩」の言葉を忌《い》み、「堅塩《きたし》」というようになった。しかし、遠智娘はそのまま帰らぬ人となった……。

不可解な蘇我倉山田石川麻呂滅亡事件

腑《ふ》に落ちないことはいくつもある。

なぜ蘇我日向のいう謀反計画は、「孝徳天皇を狙っている」のではなく、中大兄皇子だったのか。

蘇我倉山田石川麻呂が亡くなったとき、孝徳天皇が遣わした朝廷軍は何もできずに難波に帰っていく。ところが、いずこからともなく軍団が湧《わ》きあがってきて、山田寺を囲んでいる。彼らは何者なのか。その軍団は、蘇我倉山田石川麻呂を憎んでいたようで、遺骸を切り刻み、雄叫びを上げている。これは、尋常な光景ではない。

蘇我倉山田石川麻呂の長子・興志《こごし》は、飛鳥にもどった蘇我倉山田石川麻呂に向かって、奇妙なことを言いだしている。それは、「宮を焼いてしまおう」と言うのだ。飛鳥の地に、何者か、よからぬ連中がたむろしていて、蘇我倉山田石川麻呂は、彼らの罠《わな》にはまって、飛鳥を訪れ、追い込まれただけなのではあるまいか。つまりこの事件、蘇我入鹿暗殺に成功した中大兄皇子が、その後も破壊活動を続けていて、左大臣病死の隙に、右大臣まで葬り去ってしまった事件だったのではあるまいか。

中大兄皇子や中臣鎌足は孝徳親蘇我政権の転覆を画策し、要人暗殺やゲリラ戦を展開したのだろう。そして、蘇我入鹿亡きあと蘇我氏の長者になった蘇我倉山田石川麻呂が、ターゲットになった……。

孝徳朝でよく似た事件が起きていた。大化元年（六四五）九月、古人大兄皇子は蘇我田口臣川堀《そがたぐちのおみかわほり》や物部朴井連椎子《もののべのえのいのむらじしひ》、吉備笠臣垂《きびのかさのおみしだる》らとともに謀反を起こしている。吉備笠臣垂が自首してきて自白したので、事件は事前に発覚した。

「吉野《よしの》の古人大兄皇子は、蘇我田口臣川堀らと謀反を企《たくら》んでおります。私も加わっておりました」

そこで中大兄皇子は兵をくり出し、古人大兄皇子を殲滅《せんめつ》したのだった。

これは不思議なことなのだが、孝徳天皇の時代に起きた謀反は、なぜか標的が中大兄皇子なのだ。それは、「中大兄皇子が実質的な孝徳朝の権力者だった」からなのか……。そうではあるまい。改新政府と中大兄皇子は、敵対勢力として対立していたのだろう。

謀反のたびに、中大兄皇子が独自に軍勢を動かしているのは、実際には謀反ではなく、政権と中大兄皇子との間に小競《こぜ》り合《あ》いがあったということだろう。すると、蘇我倉山田石川麻呂の遺骸を切り刻んだ謎の軍勢も、中大兄皇子が差し向けたのではあるまいか。

そう考えると、遠智娘が発狂して亡くなったという話も、ひとつの仮説を当てはめることで、鮮明に悲劇が浮かび上がってくるのである。

『日本書紀』は乙巳の変の直前、蘇我倉山田石川麻呂の長女が蘇我日向に奪われ、妹の遠智娘が、自ら進んで、中大兄皇子のもとに嫁いできたと記録した。しかしこれは、中大兄皇子らが遠智娘を略奪したにすぎないだろう。そして、宿敵のもとに嫁いだ遠智娘に、父の死の知らせが入った。しかも、夫は父親の遺骸を切り刻んでしまったのだ……。度重なる悲劇と残虐な仕打ちに、遠智娘の心の均衡《きんこう》は崩れたのだろう。

このように見てくれれば、蘇我倉山田石川麻呂が蘇我入鹿を裏切ったとはとても思えない。蘇我倉山田石川麻呂は蘇我入鹿の遺志を継承し、改革事業に邁進したからこそ、中大兄皇子に睨《にら》まれ、標的にされたのだ。しかし、そのまま事実を歴史に残したら、中大兄皇子と中臣鎌足の悪事が、すべてばれてしまう。

そこで、「大悪人蘇我入鹿を裏切った蘇我系豪族がいて、孝徳朝で大抜擢された」という創作物語を用意することで、孝徳朝が反蘇我政権だったと取り繕《つくろ》うことが可能となった。蘇我倉山田石川麻呂は、死してのちも、中大兄皇子と中臣鎌足の末裔《まつえい》に利用されつづけたのである。

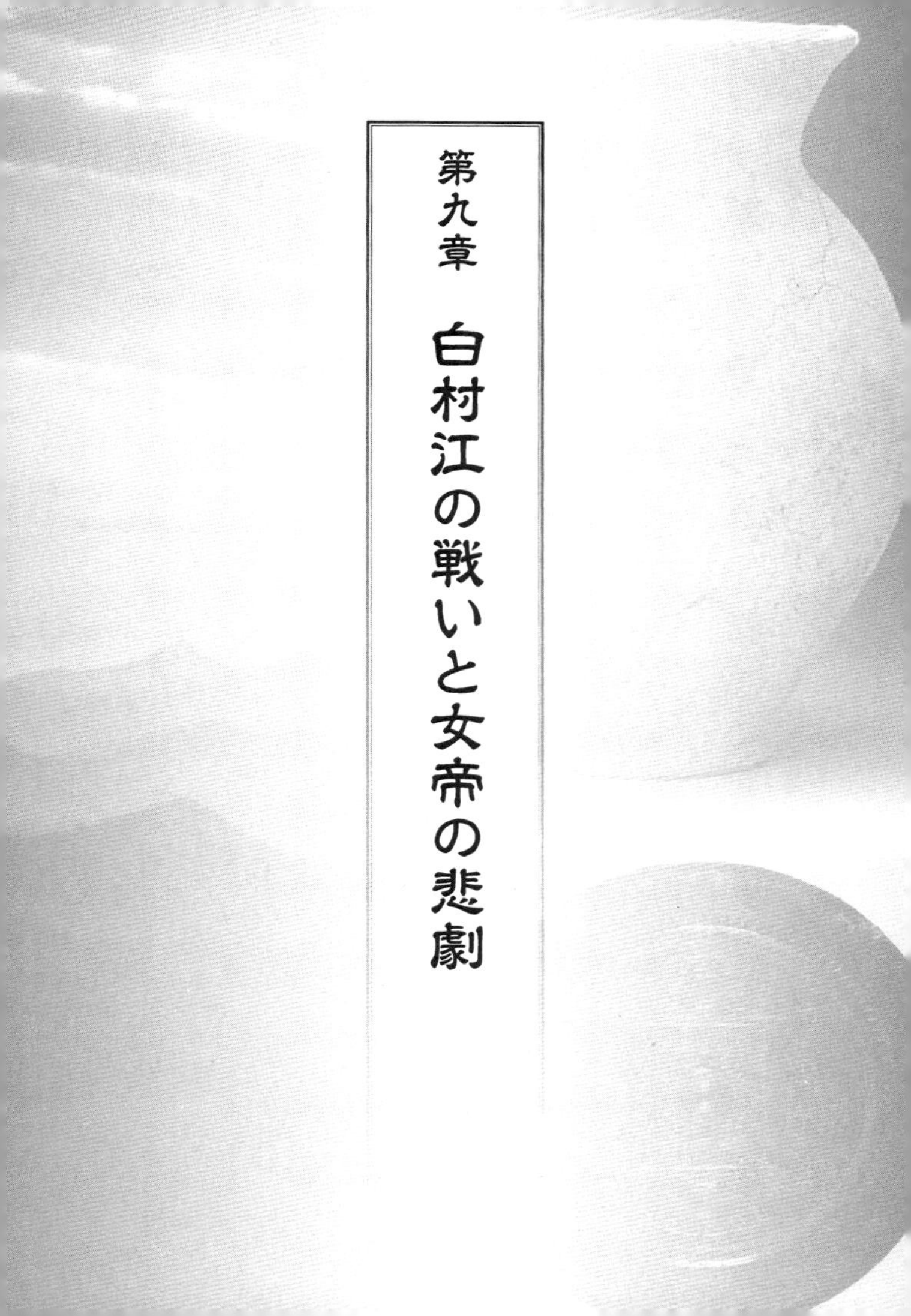

第九章　白村江の戦いと女帝の悲劇

孝徳天皇が嘆いたのは改革事業の蹉跌

日本滅亡の危機といえば、元寇《げんこう》を思い浮かべるかもしれない。

しかし、古代史にも、もっと危ない事件が起きていた。それが、白村江《はくすきのえ》の戦い（六六三年）である。

中大兄皇子《なかのおおえのみこ》の悪運が強かったから、日本は救われたのかもしれなかった。普通なら、滅亡している……。誰もが、「勝てるはずもない戦い」と見ていた戦争を始め、予想どおり、惨敗したのだ。唐《とう》と新羅《しらぎ》の連合軍が、一気に日本列島に攻め寄せていれば、日本は完璧に御陀仏《おだぶつ》だった。助かったのは、唐が作戦上「日本は後回し」にしてくれたこと、そうこうしているうちに唐と新羅の同盟関係に亀裂が入り、新羅が唐に反旗を翻《ひるがえ》したため、唐は日本に「味方にならないか」と接触してきたのだ。これで、救われた。

この間中大兄皇子は、狂ったように、西日本各地に防衛のための山城《やまじろ》を構築した。天まで続くのではないかと思えるほど石垣を積み上げ、敵の来襲に備えた。新

倭飛鳥河辺行宮伝承地（奈良県明日香村）

羅が唐に反旗を翻さなければ、日本はこのとき、唐か新羅の属国になっていただろう。

ならばなぜ、日本は無謀な戦いに突き進んでしまったのだろう。強引に突っ走ったのは、中大兄皇子である。

以下、いきさつを追ってみよう。

まずは、晩年の孝徳《こうとく》天皇の姿から追ってみたい。左大臣・阿倍内麻呂《あべのうちまろ》が亡くなってからあと、蘇我倉山田石川麻呂《そがのくらやまだいしかわのまろ》は自滅し、中大兄皇子の執拗《しつよう》な妨害工作は続いた。『日本書紀』ははっきりと記さないが、律《りつ》令《りょう》制度に対する抵抗は激しさを増していたのだろう。孝徳天皇は孤立していったようだ。

白雉《はくち》四年（六五三）、ブレーンの一人、旻法師《みんほうし》が病の床《とこ》に臥《ふ》せると、孝徳天皇は病床を見舞い、旻法師の手を取り、

「もしあなたが今日亡くなられたら、私も明日死のう」

と、じつに心細いことを言っている。旻法師が亡くなると、中大兄皇子は飛鳥遷《せん》都《と》を献策《けんさく》する。姉や妃も役人もみな、倭飛鳥河辺行宮《やまとのあすかのかわらのかりみや》（奈良県高市郡明日香村稲《いな》渕《ぶち》）に移り、一人難波長柄豊碕宮《なにわのながらのとよさきのみや》に取り残された孝徳天皇は、恨《うら》み、退位しようと考え、山碕《やまざき》（京都府乙訓《おとくに》郡大山崎町）に宮を造った。そして、次の歌を間人皇后《はしひとのきさき》に贈っている。

鉗着《かなぎつ》け　吾《わ》が飼《か》ふ駒《こま》は　引出《ひきで》せず　吾《あ》が飼《か》ふ駒《こま》を　人見《ひとみ》つらむか

逃げないようにつないでおいた私の駒（馬）は、どうしただろう。引き出しもせず馬屋の中で大切に飼ってる私の駒を、どうして他人が見たのだろう（連れ出してしまったのだろう）……。

失意の中、妻にあてた歌だけに、これまでは妻の離反をなじる歌と信じられてき

た。しかし私には、もうひとつ意味が隠されているように思えてならない。

姉（皇極《こうぎょく》）や妻まで飛鳥にもどっていったと『日本書紀』は言うが、これは彼女たちの意志だったとは思えない。これはクーデターであって、強圧的に連行されたと考えた方がわかりすい。後に述べるように、この時代の女人たちの悲劇の実態をわれわれは見のがしている。遠智娘《おちのいらつめ》がそうだったように、中大兄皇子と中臣鎌《なかとみのかま》足《たり》はゲリラ的な闘争をくり返し、敵の一番弱い部分を突き、高貴な女性を頻繁に掠《さら》っていたのではないかと思えてくる。皇極と間人皇后の飛鳥行きも、「彼女たちが孝徳天皇を裏切ったから」ではなかっただろう。

この歌の真意も、単純な「恋歌」ではない。孝徳天皇は蘇我入鹿《そがのいるか》の遺志を継承し、必死に歯を食いしばって、律令制度の整備に邁進《まいしん》していたのだ。この、完成するまでの一時期こそ、律令整備の最難関であった。ごねる豪族、抵抗する豪族たちをいかに説き伏せるか、地道で徒労の重なる作業の連続だっただろう。しかし、道半ばで、反動勢力が勢いを盛り返し、すべてをひっくり返してしまったのだ。難波長柄豊碕宮を棄《す》てるということは、事業の失敗を意味している。そのまっただ中で、「逃げたな」と妻をなじる為政者が、どこにいるだろう。孝徳天皇は、そんなにちっぽけな人物ではない。孝徳天皇が嘆いた「駒」の正体は、蘇我氏から引き継いだ改革事業を指しているのだ。史学者は、為政者の「本能」を完璧に「一般人」のレベルで判断し、歴史を見誤っている。

なぜ斉明天皇は「狂心の渠」を造ったのか

白雉五年（六五四）春正月、ネズミが難波から倭都《やまとのみやこ》に向かって移った。また、紫冠《しかん》が中臣鎌足に授けられた。孝徳政権転覆の論功行賞《ろんこうこうしょう》であろうか。冬十月、孝徳天皇は、結局、難波長柄豊碕宮で崩御《ほうぎょ》。なんと無残な末路であろう。十二月、皇太子（中大兄皇子）は皇祖母尊《すめみおやのみこと》（皇極）を奉《たてまつ》って倭飛鳥河辺行宮《やまとのあすかのかわらのかりみや》に移った。老人たちは「ネズミが倭都に向かったのは、都が移る前兆だったのだ」と、語った。

斉明《さいめい》元年（六五五）春正月、斉明天皇は即位した。二度目の即位で、いわゆる重祚《ちょうそ》だ（一度即位した天皇がいったん譲位し、のちにふたたび即位することをいう）。

なぜここで、皇太子の中大兄皇子は、母を立てたのかというと、その理由は、次

狂心の渠の伝承地(奈良県明日香村)

第に明らかになってくる。ここではまず、何かに取り憑《つ》かれたかのように土木工事を展開した女帝の様子を追ってみよう。

『日本書紀』斉明二年(六五六)是歳《このとしの》条《じょう》には、後飛鳥岡本宮《のちのあすかのおかもとのみや》が完成し、遷《うつ》ったとあり、そのあとに、「ときに、事を興《おこ》すことを好みたまひ」と続く。土木工事を盛んに行なったというのだ。具体的には、以下のとおり。

水工《みずたくみ》に溝《みぞ》を掘らせ、天香具山《あまのかぐやま》(奈良県橿原市)の西から石上山《いそのかみやま》(同天理市)まで通した。そうしておいて石上山の石を舟二百隻《せき》に積んで、宮の東の山まで運び、石を積み上げ垣にした。時の人はその様子を見て、「狂心《たぶれごころ》の渠《みぞ》」と評し、「この溝を造るのに費やした人は三万人あまりだ。垣を造るのに七万人動員された。宮殿の用材は腐り、山頂は埋もれてしまった」と言った。さらに、「石の山丘を造っても、造ったそばから崩れるだろう」と誹《そし》ったという。

斉明六年（六六〇）十月、一度滅亡した百済《くだら》が復興運動を起こし、日本に救援を求めてきた。これに応じようと、斉明天皇は難波に移動し、筑紫《ちくし》行きの準備を始める。遠征軍の軍備を整えはじめたのだ。駿河国《するがのくに》に命じて船を造らせ、続麻郊《おみの》（三重県多気《たき》郡）に曳航《えいこう》してきた。このとき、夜中に理由もなく舳《へ》と艫《とも》が逆さまになって、つないでおいた方向と逆になってしまった。このため人びとは、この戦いが負けることを知った。信濃国《しなののくに》から報告があった。「蠅《はえ》が群をなし、西に向かって巨坂《おおさか》（神坂峠《みさかとうげ》）を越えて飛んでいきました。群の大きさは十囲《といだき》ほどで、高さは天に届くほどでした」。そして、救援軍が敗れる凶兆《きょうちょう》であることを悟ったというのだ。『日本書紀』は暗示めかしく書くが、要は、誰もこの戦いに勝てるとは思っていなかったし、無駄な戦争と思っていたのだろう。

いったい、斉明天皇は何を目的に、異常な土木工事を命じたのだろう。そしてな

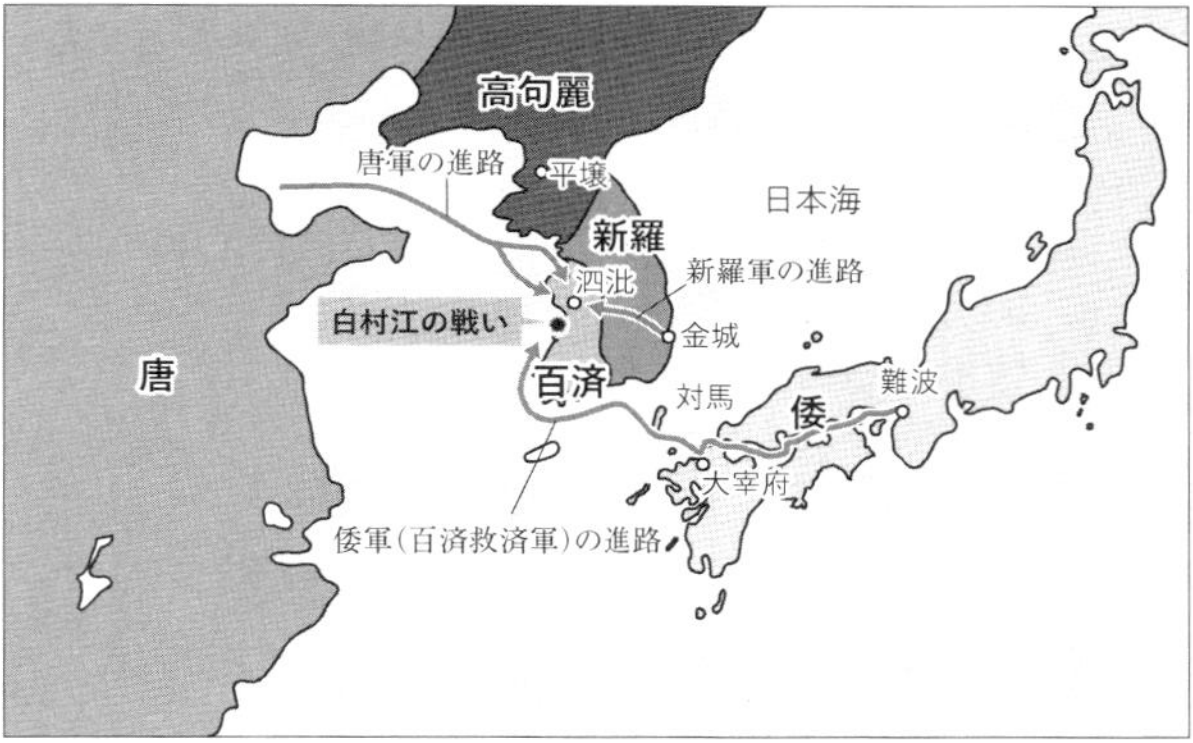

白村江の戦い(663年)当時の東アジア勢力図

白村江の戦いが行なわれた現在の錦江河口付近(韓国群山市)

ぜ、負けるとわかっている百済救援に猪突《ちょとつ》したのだろう。

近年、斉明天皇を「強い女帝」とみなす考えが増えつつあるが、本当だろうか……。

ここで注意しなければならないのは、斉明が即位していたからといって、斉明の意志がすべて政策に反映されていたわけではなかっただろうということである。

こののちの状況を見るにつけ、斉明天皇は「傀儡《かいらい》」として利用されただけだと思えてくる。斉明政権は無謀な百済救援を敢行するが、斉明自身がこの政策を強く押し進めていたわけではないだろう。主導権を握っていたのは中大兄皇子である。

中大兄皇子は親蘇我派の孝徳政権を倒すことによって、ようやく思いどおりに政局を動かすことができるようになったのだ。中大兄皇子が母を担《かつ》ぎ上げ、「皇太子のままでいた方が自由に動ける」と感じたのは、このときであろう。

七世紀の朝鮮半島情勢

なぜ中大兄皇子は無謀な百済救援を敢行したのだろう。ここで目を転じ、朝鮮半島情勢を俯瞰《ふかん》してみよう。

朝鮮半島南部の諸国は、南下政策をとる高句麗《こうくり》につねに圧迫され、百済も新羅も北部を侵食されつづけた。だから百済と新羅もところてん式に南下し、伽耶《かや》は六世紀半ば、新羅に呑《の》みこまれていったのである。

高句麗は歴代中国王朝と争いつづけた。騎馬民族にとって、森のない大平原では、敵なしだったのだろう。西暦五八九年（用明《ようめい》四）に中国を統一した隋《ずい》も高句麗遠征に疲れ果て、六一八年（推古二十六）に滅亡し、かわって唐が出現した。ただし、朝鮮半島はむしろ不安定になった。

唐の太宗《たいそう》は、まず極東には目をくれず、西の領域を制圧していった。高句麗は一息ついたが、新羅が唐に急接近し援助を求め、親しくなっていった。新羅は朝鮮半島の中ではどちらかといえば後進国だったが、それまでつねに優位に立っていた百済が追い詰められていくこととなる。そこで百済は、高句麗と手を組もうと画策したのである。これが、百済の命運を決定的にした。唐は高句麗を警戒し、敵視していたから、唐と百済の関係は当然疎遠となったのである。

六四二年（皇極元）、朝鮮半島が動きだした。ついに百済が新羅を攻め、翌年、高句麗と百済の連合軍が、ついに新羅を攻めはじめたのだ。新羅は唐に仲裁を求め、唐は高句麗に即時停戦を呼びかけるも、高句麗は無視。六四四年（皇極三）、唐はついに高句麗征伐を始める。翌年には遼東攻略《りようとうこうりやく》に成功する。いったん退却し、二年後にふたたび遠征を敢行する。その後大遠征を計画した唐だが、太宗の死で頓挫《とんざ》した。

乙巳《いつし》の変（六四五年）の前後は、朝鮮半島動乱の時代であった。しかし、本当の混乱はここから先なのだ。

唐では太宗の子・高宗《こうそう》が皇帝の地位についた。六五八年（斉明四）、唐は高句麗を討つが失敗。すると、大きな方向転換をする。六五九年（斉明五）、新羅の要請を受けて、攻める矛先を「まず百済」と定めた。唐と新羅に挟み撃ちにされた百済は、都の泗沘城《しびじよう》を落とされ、あえなく降伏。義慈王《ぎじおう》は捕まり、百済は滅亡した。

しかし、百済の名将鬼室福信《きしつふくしん》は、すぐさま百済復興の狼煙《のろし》を上げる。日本に預けておいた人質「百済王子豊璋《ほうしよう》（義慈王の子）」を召還し、ヤマト朝廷に救援を要請したのだった。これが、ちょうど斉明天皇の時代であり、このあと、白村江の戦い（六六三年）が展開される。

斉明七年（六六一）、斉明天皇は百済救援の軍団を率い、九州に赴いたのだった。斉明天皇は朝倉橘広庭宮《あさくらのたちばなのひろにわのみや》（福岡県朝倉市）で急死されるが、豊璋は本国に帰国し、百済王に擁立されたのだった。

つまり、鬼室福信の要請を、ヤマト朝廷は受け入れ百済復興運動に荷担したのである。

百済の視点で日本を見つめ直す

六世紀から七世紀の東アジア情勢を、百済の視点で見つめ直してみよう。

長い間、百済は南下してくる騎馬民族国家・高句麗に苦しめられた。隣国新羅とも仲が悪い。百済にとってもっとも信頼できる同盟国は、日本（倭国）であった。瀬戸内海の覇権を握った物部《もののべ》氏が中心となり、交流は盛んだった。強固な同盟関係の証に、百済王は人質を送り込みもした。

情勢が変化したのは、長い間分裂状態が続いた中国を隋が統一し、さらに唐も強大な国家を建設したことだった。中国がいくつもの地域に分かれていたころは、互いに牽制し合っていたから、なかなか朝鮮半島にちょっかいを出せなかったが、隋と唐は、高句麗を潰《つぶ》しにかかったのだ。本来なら、百済と新羅は諸手を挙げて喜ぶべきだが、朝鮮半島諸国には、「強くなりすぎた隋や唐に朝鮮半島が呑みこまれるのではないか」という恐怖心があったのかもしれない。

また、六世紀後半から七世紀、蘇我氏全盛期の日本は、それまでの百済一辺倒外交を転換し、全方位形に移行してしまった。これは、百済にとって大きな誤算だったろうし、百済は蘇我政権を憎んだだろう。

百済はこの時点で、「どこと手を組むか」「いかに日本の後ろ盾を得るか」、血眼《ちまなこ》になって、新たな戦略を練り直さなければならなくなった。

法興寺《ほうこうじ》が百済の工人の手で造られ、創建を祝う儀式に蘇我氏が「百済服」で臨み周囲を驚かせたという話は、百済の「巻き返し」が功《こう》を奏《そう》したからだろう。けれども、蘇我政権は百済一極外交を採用したわけではなかった。たとえば蘇我系の聖徳太子《しょうとくたいし》が師事したのは高句麗の僧・慧慈《えじ》であった。もちろんこの時代、新羅系の仏像も、流れ込んでいる。飛鳥《あすか》の地に高句麗や新羅の文化が流れ込んだのは、三韓《さんかん》それぞれが、日本に対しロビー活動を展開していた証拠である。

百済は焦ったのだ。へたをすれば、朝鮮半島で孤立してしまう。かつてのように、日本は百済を本気で救援してはくれないだろう……。

そして、つねに高句麗と百済、そして日本に挟まれ圧迫されていた新羅が、急速に国力をつけ、唐に接近してしまったことが、決定的となった。新羅と百済は犬猿の仲だったから、百済は高句麗と手を結び、新羅を潰そうと考えたのだ。

高句麗と手を結び新羅と敵対するということは、唐を敵に回すことに直結した。しかし、高句麗は中国歴代王朝を、事あるごとにはね返してきたから、勝算はあると踏んだのだろう。百済は、賭けに出たのである。

その一方で、百済は日本で「蘇我政権打倒」を目論《もくろ》んだのではなかったか。それが、乙巳の変である。

ここで思い出されるのが、古人大兄《ふるひとのおおえの》皇子《みこ》の言動だ。蘇我入鹿《いるか》暗殺ののち自分の宮に戻り、「韓人《からひと》が入鹿を殺した」と、絶叫している。ただし、『日本書紀』を読むかぎり、暗殺犯に「韓人＝外人」はいない。だから、『日本書紀』の分注には、「韓人とは韓政《からのまつりごと》のこと」と添えてある。

一般にこの「韓政」について、「三韓の調進《ちょうしん》を利用して入鹿を暗殺したことを指しているのだろう」と考えられている。しかし、古人大兄皇子の気持ちを忖度《そんたく》するに、自宅に帰って、「三韓の調進の場で、蘇我入鹿が殺された‼」などと叫ぶだろうか。それは、あまり現実的ではない。

もちろん、これはのちに創作された物語であろう。けれども、蘇我入鹿が「専《せん》横《おう》」によって殺されたのではなく、「韓人」や「韓政」が理由で殺されたというのなら、それは「外交問題のこじれ」の意味にとれる。

多くのロビイストやスパイが跋扈《ばっこ》し、複数の国々の思惑が交錯していたであろう飛鳥である。場所柄から考えて、入鹿暗殺は「事故死」のようなものだと、妙に納得できるのである。

中臣鎌足の正体

乙巳の変（六四五年）から白村江の戦い（六六三年）にいたる歴史の真相を知るために、一人の人物に注目してみよう。鍵を握っていたのは、中臣鎌足である。この男、百済王子豊璋ではあるまいか。

中臣鎌足がはじめて『日本書紀』に登場するのは皇極三年（六四四）正月の神祇《じんぎ》伯任命《はくにんめい》の記事だ。不思議なのは、父母の名が明かされていないこと、唐突に無位無冠で登場していることだ。しかもこの時代、まだ神祇伯などという職種はなかったはずで、ここに大きな疑念が生まれる。

平安後期の歴史物語『大鏡《おおかがみ》』は、中臣鎌足が常陸《ひたち》（茨城県）出身だったと記す。そこで通説は、鹿島神宮《かしまじんぐう》の神官を務めていた中臣鎌足が、ヤマトに上ってきたのではないかと考える。「中臣鎌足成り上がり説」が、有力視されるようになった。

しかし、中臣鎌足は入鹿暗殺現場で、中大兄皇子が体を張っている中、一番安全な場所で、弓を持って実行犯を「援護」していた。これは、「使い走り」のやることではない。中臣鎌足は成り上がり者ではなく、高貴な人間である。

問題は、中臣鎌足の末裔の藤原氏が、極端な「親百済」「反新羅」政策をとっていくことだ。また、百済遺民《いみん》と藤原氏の命運は、ほぼ重なっている。

それだけではない。百済王子豊璋来日後、中臣鎌足は姿を現し、豊璋が帰国して白村江の戦いが行なわれている間、中臣鎌足は日本の歴史から姿を消してしまっている。これが、じつに怪しい。

中臣鎌足は中大兄皇子の右腕で、しかもこのとき、中大兄皇子は人生最大のピンチだった。なぜ中臣鎌足は、参謀として中大兄皇子に寄り添っていなかったのだろう。

『東大寺献物帳《とうだいじけんもつちょう》』には、東大寺に献納された品々の記録の中に、百済の義慈王から内大臣《うちつおおおみ》（中臣鎌足）に贈られた赤漆《あかうるし》で装飾された槻《つき》の木の厨子《ずし》がある。

義慈王は豊璋の父だが、中臣鎌足との間に接点はない。百済救援に積極的だった中大兄皇子のもとで活躍していたはずの中臣鎌足と豊璋の二人が接触していたという記事も、『日本書紀』にはない。それはなぜかといえば、中臣鎌足が義慈王の子・豊璋その人だったからだろう。

鬼室福信と蘇我倉山田石川麻呂の首を塩漬けにしたのは中臣鎌足（豊璋）？

中臣鎌足と百済王子豊璋は、性格がよく似ている。疑い深く、用心深い。それでいて、残酷だ。

話は白村江の戦いの直前に移る。

天智《てんぢ》二年（六六三）三月、いよいよ二万七千の軍団が、新羅征討に派遣された。六月には、新羅の城を攻め、戦果を挙げている。ところが、百済でアクシデントが起きた。百済王豊璋は、人気の高かった鬼室福信を妬《ねた》んでいたようだ。鬼室福信に謀反の気持ちがあるのではないかと疑い、捕らえ、掌《てのひら》に穴を開け、革を通してしばった。けれども、決断はできず、諸臣にどうすればよいかと尋ねた。すると、「悪逆人を許してはなりません」と進言する者がいた。そこで健児《こんでい》（屈強の者）を整え、鬼室福信を切り、醢《すし》（塩漬け）にした。

同年八月、新羅は百済王が自国の良将を斬り殺したことを知り、その隙にと、攻勢を強めた。いよいよ、決戦は近づいたのだ。すると百済王豊璋は、日本軍がすぐそこまで救援にやってきたことを知り、敵前逃亡を思いついた。「将軍たちは事前に計略を立ててほしい」と述べ、自身は、日本軍を迎えに行くと言いだし、立てこもっていた城から脱出し、日本の水軍の中に紛れ込んだ。籠城すれば滅亡すると考えたのだろう。

結局、百済と日本の連合軍は、唐と新羅の連合軍の前に、大敗北を喫《きっ》したのである。

中大兄皇子はここから、西日本各地に無数の山城《やまじろ》を築いていく。唐と新羅の連合軍が一気に攻め寄せてくれれば、おそらく歴史は大きく変わっていただろうし、少なくとも西日本は唐に占領されてしまっただろう。しかし、中大兄皇子には、悪運があった。唐は高句麗攻略を優先し、そしてのちに、新羅は唐の朝鮮半島支配を嫌い、反旗を翻して独立に向かう。この結果、次第に唐は、日本に接近してくるようになったのだ。

それはともかく、ここで注目しておきたいのは、豊璋の行動だ。

『日本書紀』は「高句麗に逃れた」と言うが、朝鮮半島の『三国史記《さんごくしき》』は「行方不明」と記録し、中国の『資治通鑑《しじつがん》』は「唐に連行された」と証言する。『新唐書《しんとうしよ》』には「行方不明」とあって、情報が錯綜《さくそう》している。豊璋は日本での生活が長い。豊璋は敗戦時、日本の水軍の中に紛れていたはずで、彼は城を捨てて逃げてきたのだから、そのまま日本に向かったと考えるのが自然である。行方知れずになったのは、豊璋が敗戦後「中臣鎌足」に姿を変えたからだろう。

そしてもうひとつ、豊璋の記事で注目しておきたいのは、「醢」である。

罪人の首を切り落とし塩漬けにする風習は、当時日本にはなかった。しかし、豊璋は大陸や半島の風習に従って、名将の首を晒《さら》した。この話から思い出されるのは、遠智娘《おちのいらつめ》が「塩」を忌《い》みきらって発狂して亡くなったという『日本書紀』の記事だ。「塩」の名のつく者が父を殺したから、と『日本書紀』は説明するが、中大兄皇子の右腕として活躍していた中臣鎌足が豊璋で、蘇我倉山田石川麻呂の遺骸を切り刻み醢にしていたとすれば、謎が解けてくる。中大兄皇子は蘇我倉山田石川麻呂の塩まみれになった首を、遠智娘の眼前に据《す》えたのだろう。

中大兄皇子は母・斉明天皇を人質にしていた

古代において女性の地位は高く、歴史を動かす力をもっていた。しかし、中大兄皇子の遠智娘に対する仕打ちは、残酷なものだった。そして、この時代の女性の多くが、政争の道具に使われていたことを暗示している。乙巳の変の直前、遠智娘は中大兄皇子のもとに「自ら進んで嫁いだ」と『日本書紀』は言うが、すでに述べたように、実際には略奪婚であり、利用された可能性が高い。

そして、斉明天皇でさえも、孝徳朝を支えた親蘇我系の取り巻きたちを黙らせるために人質として難波長柄豊碕宮から連れ去られ、飛鳥の地で即位させたというのが、本当のところだろう。斉明天皇をはじめ、親蘇我派の女人たちはみな危険な目に遭《あ》っていたのだと思う。

白村江の戦いに際し、大勢の女性が遠征に従い、北部九州に赴《おもむ》いていたが、これは大きな謎とされてきた。

斉明天皇のみならず、額田王《ぬかたのおおきみ》や大田皇女《おおたのひめみこ》ら、主だった女性はみな九州に同行している。

一説に、男勝《まさ》りの斉明天皇が直接遠征軍の指揮をとったのだろう、という。しかし、斉明天皇は遠征軍の拠点となった沿岸地帯に留《とど》まっていない。朝倉橘広庭宮は内陸部で、不便な場所だ。全軍に即座に指示を出せるような場所ではない。もしこの場所の優位性を挙げるとするならば、「女帝に口出しさせない」ということ、さらには、「女帝を安全な場所に留め置く」ことが可能だった点だ。しかしそれなら、女性陣を連れてくる必要はなかった。目的はもっと別のことだったのではないか。

それは、人質である。

ここで改めて、斉明（皇極）天皇の立場を考えておきたい。

まずはっきりとさせておきたいのは、斉明（皇極）天皇は親蘇我派なのかどうかだ。

皇極天皇は蘇我氏全盛期に即位したが、この時代、盗人《ぬすびと》は蘇我氏の威を恐れて、落とし物を拾おうともしなかったという。とすれば、反蘇我派の天皇が即位できたとは思えない。だいたい、「蘇我氏は悪人」と主張するのは『日本書紀』であって、身分の低い巫覡《ふげき》たちが蘇我入鹿暗殺の直前に「暗い未来」を予感し、蘇我氏に口々に伝えようとしていたという『日本書紀』の記事の中に、「蘇我人気」の残像を見る思いがする。皇極天皇が蘇我氏を信頼していたとしても、少しも不思議なことではない。

八世紀に都は盆地南部から北部の平城京《へいじょうきょう》に遷るが、なぜか人びとは「飛鳥が懐かしくて仕方ない」と、語りだすのだ。元興寺《がんごうじ》（飛鳥の法興寺が平城京に移された）の一帯を、「平城《なら》の明日香《あすか》」と呼び、古き良き時代を偲《しの》んだのである。

「飛鳥」は蘇我氏の時代である。『日本書紀』の言うような蘇我氏の横暴が事実だとすれば、なぜ誰もが飛鳥に恋《こ》いこがれたのだろう。それは、蘇我氏の時代が、本当は「明日への希望を抱かせる時代」だったからだろう。

そう考えると、皇極天皇と弟の孝徳天皇が親蘇我派の天皇として擁立されたと考えることは、むしろ自然なことに思えてくるのだ。斉明天皇即位前紀には、舒明《じよめい》に嫁ぐ前に、皇極は高向王《たかむくのおおきみ》と結ばれ、漢皇子《あやのみこ》を産んでいたとある。高向王は蘇我系用明《ようめい》天皇の孫で、「高向」も「漢」も、どちらも蘇我氏と強く結ばれた氏族の名である。

皇極天皇が即位した本当の理由は、蘇我氏が漢皇子の即位を願ったからではないか、というのが筆者の考えだが、その理由は次章で語るとして、ここで問題にしたいのは、「皇極天皇が親蘇我派だったからこそ、中大兄皇子に利用された」ということである。

蘇我本宗家を滅亡に追い込み、孝徳朝の要人暗殺をくり返し、中大兄皇子はようやく主導権を手に入れた。とはいっても、世の中は「改革」に向かって走りだしていた。だから中大兄皇子は、母を担ぎ上げ（斉明天皇）、改革の意志を示すとともに、親蘇我派の豪族たちを煙《けむ》に巻いたのだろう。

斉明天皇は「狂心の渠」と酷評される土木工事を敢行していたと『日本書紀』は言う。飛鳥の東側に垣を造っていたようで、それはなぜかといえば、要塞が必要だったからだろう。中大兄皇子と中臣鎌足が多武峰《とうのみね》（奈良県桜井市）で蘇我入鹿暗殺の謀議を重ねていたといい、そのため中臣鎌足を祀《まつ》る神社は談山神社《たんざんじんじゃ》というようになった。つまり、飛鳥の東側の丘陵地帯が、反蘇我派のアジトだったことは容易に想像がつく。

中大兄皇子は百済救援を画策しただろう。けれども、親蘇我派の息の根を止めたわけではなかったから、遠征中に飛鳥を親蘇我派に奪われることを恐れたのだろう。

このように考えてくると、斉明天皇や主だった女人たちを九州に連れていった理由もはっきりとしてくる。飛鳥の地で親蘇我派が反撃の狼煙を上げたら、斉明天皇を筆頭とする蘇我系の女人たちを人質にするつもりだったのだ。

斉明天皇が遠征作戦とはまったく関係のない内陸部の朝倉橘広庭宮に留め置かれた理由も、はっきりとする。

人気のなかった中大兄皇子

中大兄皇子は白村江の戦いののち、西日本各地に山城を築き、敗戦処理にかけずり回った。多くの民は中大兄皇子を批難し、宮はたびたび燃えた。われわれは中大兄皇子を古代史の英雄と信じているが、『日本書紀』を詳細に読み直せば、民衆にも見捨てられていたことがはっきりとする。それはそうだろう。「勝てるはずのない戦い」と、みな気付いていたのだ。それでもなお、中大兄皇子は百済救援に固執《こしつ》した。

問題は、日本を滅亡の危機に追い込みかねなかった中大兄皇子が、なぜ即位できたのか、ということである。

中大兄皇子を後押ししていたのは、中臣鎌足（豊璋）と、滅亡後日本に亡命してきた百済の遺民たちだけだっただろう。

天智六年（六六七）三月、中大兄皇子は近江《おうみ》に都を遷した。通説は、「防衛上の処置だろう」とか、「交通の便がよかったからだろう」などと、もっともらしい理

唐・新羅の来襲に備えて築かれたとされる鬼ノ城（岡山県総社市）

由を考えるが、悩むことはない。中大兄皇子の不人気は度を超していて、親蘇我派の盤踞《ばんきょ》する飛鳥にもどることができなかっただけの話だろう。ウソだと思うなら、『日本書紀』を読み返してみればいい。白村江の戦いののち、中大兄皇子は飛鳥の地を踏んでいない。飛鳥から離れた近江でなければ、中大兄皇子の政権は維持できなかったのである。

天智七年（六六八）一月、中大兄皇子は即位した。天智天皇の治政は十年で終わるから、この人物、ほとんど業績らしい業績は残さないままこの世を去ったのだと思う。

気をつけなければならないのは天智朝を

支えた重臣の顔ぶれで、蘇我氏をはじめほぼ親蘇我派の氏族で占められていることだ。理由は簡単なことで、天智は蘇我氏と手締《てじ》めを行ない、蘇我系の氏族を重用することを約束して、ようやく即位できたのだろう。

つまり、天智政権は妥協の産物であり、天智天皇は弱い立場にあったことは間違いない。この、ねじれた状態こそ、天智崩御ののち勃発する壬申《じんしん》の乱（六七二年）の、最大の原因だったのである。

第十章　壬申の乱

仲の悪かった天智天皇と大海人皇子（天武天皇）

壬申《じんしん》の乱（六七二年）は、古代史最大の内乱だ。天智《てんぢ》天皇（中大兄皇子《なかのおおえのみこ》）の弟・大海人《おおあま》皇子（のちの天武《てんむ》天皇）と子の大友《おおとも》皇子が激突し、勝てる見込みのなかったはずの大海人皇子が、雪崩《なだれ》のような勝利を収めてしまったのだ。ここに、大きな謎が隠されている。

壬申の乱を突きつめて考えていくと、天智と大海人皇子の兄弟の謎に行き着く。『日本書紀《にほんしょき》』に従えば、二人は父母の同じ兄弟だ。父は舒明《じょめい》天皇、母は皇極《こうぎょく》（斉《さい》明《めい》）天皇で、天智は即位すると皇太子に大海人皇子を指名しているから、よほど深い絆《きずな》で結ばれているのかと思いきや、とある宴席で兄弟は口論となり、大海人皇子は床に槍を突き刺し、天智は大海人皇子を斬り殺そうとしている。危ういところを中臣鎌足《なかとみのかまたり》が仲を取り持って、事なきを得たという（『藤氏家伝《とうしかでん》』）。

よくよく考えてみれば、乙巳《いっし》の変に際し、中臣鎌足は仲間を増やしましょうと言いだしたが、なぜか大海人皇子の名は一度も話題にのぼらなかった。クーデターの情報が蘇我氏に漏《も》れるリスクを冒《おか》してまで蘇我倉山田石川麻呂《そがのくらやまだいしかわのまろ》に声をかけたのなら（実際には誘っていないと思うが、『日本書紀』の設定はそうなっている）、なぜ中大兄皇子の実の弟・大海人皇子は蚊帳《かや》の外だったのだろう。それでいてなぜ、大海人皇子は天智天皇の皇太子に指名されたのか……。

それだけではない。天智と大海人皇子は、奇妙な婚姻関係で結ばれている。大海人皇子の妃に、「これでもか」というほど天智天皇の娘が入内《じゅだい》していたのだ。大田皇女《おおたのひめみこ》、鸕野讃良皇女《うののさららのひめみこ》、大江皇女《おおえのひめみこ》、新田部皇女《にいたべのひめみこ》の四人が、天智天皇の娘。氷上娘《ひかみのいらつめ》は中臣鎌足の娘で、「乙巳の変コンビ」の娘を五人も娶《めと》っている。これは、異常ではあるまいか。大海人皇子にとって、天智の娘は姪《めい》っ子であり、血が近すぎるのも問題だ。

これは仲のよい証拠ではなく、むしろ逆だろう。天智と大海人皇子はライバルであったから、天智は大海人皇子に娘を授けたのだろう。そして、手なずけようとしたのではあるまいか。天智は大海人皇子が怖かったと考えるべきである。

いっぽう、天智天皇は意外にも「蘇我好き」だった。皇后は蘇我系皇族・古人大兄皇子《ふるひとのおおえのみこ》の娘の倭姫王《やまとのひめおおきみ》で、ほかにも蘇我倉山田石川麻呂の娘・遠智娘《おちのいらつめ》、遠智娘の妹の姪娘《めいのいらつめ》、蘇我赤兄《そがのあかえ》の娘・常陸娘《ひたちのいらつめ》を娶っている。ちなみに、常陸娘の娘が大津皇子《おおつのみこ》と結ばれる山辺皇女《やまべのひめみこ》である。

すでに述べたように、天智天皇は蘇我系氏族を重臣に取り立てている。天智十年（六七一）春正月、左大臣に蘇我赤兄、御史大夫《ぎょしたいふ》（大臣を補佐する要職）に蘇我果安《そがのはたやす》（のちに大納言《だいなごん》）、巨勢人《こせのひと》、紀大人《きのうし》を任命している。「巨勢」「紀」は、武内宿禰《たけうちのすくね》の末裔《まつえい》で、蘇我系豪族である。

なぜ天智天皇は仲の悪い弟を皇太子に任命し、天敵・蘇我氏を重用し、蘇我系の女人を娶ったのだろう。そしてなぜ、大海人皇子は四人の天智の娘と結ばれたのだろう。ここに、壬申の乱をめぐる最初の謎が隠されている。

壬申の乱と朝鮮半島情勢

なぜ壬申の乱は勃発したのだろう。その経過をたどってみよう。話は白村江《はくすきのえ》の敗戦に遡《さかのぼ》る。

天智二年（六六三）九月、白村江の戦いに敗れ、中大兄皇子はここで意外な行動に出る。『日本書紀』天智三年（六六四）春二月の記事に、次の一節がある。天皇（中大兄皇子。実際にはまだ即位していない）が大皇弟《ひつぎのみこ》（大海人皇子）に命じて、冠位の階名を増すこと、氏上《うじのかみ》・民部《かきべ》・家部《やかべ》を復活するように命じた、という。改新之《かいしんの》詔《みことのり》で禁止した豪族層の私有民を復活させようという発言で、中大兄皇子は旧豪族の歓心を引くことで、なんとか窮地を脱しようと考えたのだろう。やむを得ぬ事情とはいえ、中大兄皇子は時代に逆行したのだ。

同年三月、亡命してきた百済の善光王《ぜんこうおう》らを難波《なにわ》に住まわし、五月には、唐《とう》の武官で百済の鎮将《ちんしょう》（占領軍司令官）劉仁願《りゅうじんがん》が郭務悰《かくむそう》を日本に遣わし、十二月に日本を離れた。

翌天智四年（六六五）九月、唐は劉徳高《りゅうとくこう》ら二百五十四人の大使節団を送り込み、十二月まで滞在する。高句麗を討つ唐にすれば、まず日本がおとなしくしている様子を確認しておく必要があったのだろう。こののち、高句麗の使者もしきりに来日している。唐と高句麗のロビー活動が展開されたようだ。もちろん、中大兄皇子は唐に対し恭順の姿勢を示した。この年、遣唐使《けんとうし》を派遣している。

天智六年（六六七）三月。中大兄皇子は近江《おうみ》に遷都《せんと》した。このときの人びとの反応が、興味深い。

是《こ》の時《とき》に天下《あめのした》の百姓《おほみたから》、都遷《みやこうつ》すことを願《ねが》はずして、諷《そ》へ諌《あざむ》く者多《ものおほ》し。童謡亦衆《わざうたまたおほ》し。日日夜夜《ひるよる》、失火《みづながれ》の処多《ところおほ》し。

天下の百姓たちは、近江遷都に反発し、諷刺《ふうし》するものが多かった。童謡もはやり、また、連日連夜、あちこちで不審火が起きたという。どう見ても、中大兄皇子の人気は低い。

十一月には唐の百済鎮将（百済に赴任した占領軍の長）劉仁願《りゆうじんがん》は使者を送り込み、天智四年に中大兄皇子が送りだした遣唐使を筑紫《ちくし》に送り届けさせた。

天智七年（六六八）正月、中大兄皇子は近江の大津宮《おおつのみや》で即位。秋七月には高句麗、九月には新羅《しらぎ》から使者が送り込まれる。そして冬十月、高句麗が滅亡。

天智八年（六六九）秋、中臣鎌足の館に落雷があり、冬十月には、中臣鎌足が急死した。『日本書紀』が落雷記事を取りあげたのは、中臣鎌足が「何者かの祟《たた》りに悩まされていた」ことを暗示している。もちろん、蘇我氏の恨《うら》みを買っていたのだから、中臣鎌足は祟られると、誰もが信じていたのだろう。

十二月、近江大津宮の大蔵の役所から失火。冬、斑鳩寺《いかるがでら》（法隆寺）で火災が発生。どうにもきな臭い。近江遷都への人びとの不満といい、度重なる火災といい、不穏な空気が張《みなぎ》っていたのではあるまいか。

そしてこの年、唐は郭務悰《かくむそう》に二千余人の供をつけて、日本に遣わしている。これは、天智政権に反発する人びとに対する「牽制」ではあるまいか。ちょうど朝鮮半島では、唐と新羅が仲違《なかたが》いを始め、翌年には新羅が独立戦争を始める。唐にすれば、せめて日本だけは味方につけたいという焦《あせ》りもあっただろう。壬申の乱の直前の東アジア情勢は、じつに流動的だったのだ。

壬申の乱勃発

日本初の漢詩集『懐風藻《かいふうそう》』の大友皇子を紹介する場面では、『日本書紀』にはない不思議な話が載っている。

来日していた唐の劉徳高《りゅうとくこう》は、大友皇子を指して「日本にいるのはもったいない人物」と評価していた。ある日劉徳高は夢を見た。天の門ががらりと開き、朱色の衣を着た老人が太陽（天子の位を象徴）を捧げ、大友皇子に与えようとしたが、横から人が出てきて奪い去ってしまった。夢を不審に思っていると、中臣鎌足は太陽を奪った人物（大海人皇子）を「悪人」と決めつけ、大友皇子が善行を積み重ねれば、皇位は継承できると述べている。

　唐の劉徳高と中臣鎌足が一致団結して大海人皇子の即位を阻止しようと考えていたことが、この一節でわかる。一度皇太子に指名された大海人皇子が皇位を継承することは当然なはずなのに、なぜ悪人呼ばわりされなければならないのだろう。

　ここではっきりとさせておきたいのは、大海人皇子の母・皇極、叔父・孝徳《こうとく》天皇、どちらも親蘇我派だった可能性が高く、大海人皇子自身も、親蘇我派だったことだ。そして、蘇我氏がそうであったように、大海人皇子は「百済のみを大切にする」という外交方針をとらなかった。即位後天武天皇は、独立をはたした新羅との間に、かつてないほどの親密な関係を構築している。中臣鎌足と劉徳高は、朝鮮半島で新羅が勢いを増す中、大海人皇子が邪魔になってきたということだろう。だから唐は、二千人のマンモス使節団を送り込み、大海人皇子の動きに制約をかけたのだろう。

ここから、事態は急展開していく。そして、ここから先、天智朝の重臣だった蘇我系豪族が、大海人皇子の命を守るために立ち上がっていくのだ。

天智十年（六七一）九月、天智天皇は病の床に倒れた。天智は蘇賀《そが》（蘇我）安麻《やすま》侶《ろ》を遣わし、大海人皇子を大殿《おおとの》に呼び出した。このとき安麻侶は、密《ひそ》かに大海人皇子に向かって、「言葉に気をつけられますように」と忠告している。大海人皇子はこの一言で、身の危険を察知した。蘇賀安麻侶は、壬申の乱最初の功労者となったわけだ。『日本書紀』は大海人皇子と蘇賀安麻侶が、かねてから昵懇《じっこん》の間柄にあったと記録する。大海人皇子と蘇我氏族の良好な関係を『日本書紀』が記録している。認めざるを得なかったのだろう。

ちなみに、通説は「『日本書紀』は天武天皇にとって都合のよい歴史書」と決め付けてきたが、実際には、天武天皇崩御《ほうぎょ》後の政権にとって都合のよい歴史書と言い直すべきで、具体的には、中臣鎌足の子の藤原不比等が、自家の正当性を証明するために編纂している。中臣鎌足は大海人皇子を嫌い、藤原不比等は壬申の乱ののち零落《れいらく》しているのだから、『日本書紀』は天武天皇の政敵の歴史書だ。

さて、天智天皇は、大海人皇子に皇位を禅譲《ぜんじょう》しようと申し出た。だが、大海人皇子は間髪《かんはつ》を容《い》れずに拒否している。

「私はあいにく病身で、激務に耐えられません。願わくは、皇位を皇后陛下（古人大兄皇子の娘・倭姫王）にお譲り下さい。そして大友皇子を立てて、皇太子にされればよろしいでしょう。私は今日出家して、陛下のために功徳《くどく》を積もうと思います」

天智は大海人皇子の出家を許した。そこで大海人は武器を捨て、僧形《そうぎょう》となり、吉野宮《よしののみや》に隠遁《いんとん》したのである。

このとき、大海人皇子を吉野に逃がしてしまったことを、「虎に翼をつけて放ってしまった」と嘆いた者もいた。大海人皇子の出方次第では、殺してしまおうと考えていたからだろう。

この年の十二月、天智天皇崩御。

翌年、天武元年（六七二）五月、郭務悰《かくむそう》は離日している。舎人《とねり》（下級役人）数名と吉野に隠棲した大海人皇子の様子を見て、危険性はないと判断したのだろう。

ところが、郭務悰の離日を待っていたかのように、情勢は一気に動きだした。

大海人皇子が挙兵した吉野宮跡とされる宮滝遺跡（奈良県吉野町）

美濃《みの》と尾張《おわり》で近江朝《おうみちょう》が山陵《さんりょう》を造る人夫《えのたみ》を徴収し、その人夫たちに武器を取らせていること、つまり近江朝側が臨戦態勢を布《し》いているという報告があった。大海人皇子は、大義名分を得た。

「私が王位を譲り遁世《とんせい》したのは、一人、病を治し、天命を全《まつと》うしたかったからだ。それなのに、否応なく禍《わざわい》に巻き込まれようとしている。どうして黙って身を滅ぼすことができよう」

こうして大海人皇子は、わずかな手勢を率いて、東国《とうごく》を目指したのだった。壬申の乱の幕は切って落とされたのだ。

なぜ『日本書紀』は尾張氏の活躍を抹殺したのか

壬申の乱の経過すべてを追うつもりはない。結果は大海人皇子の圧勝であった。『古事記《こじき》』序文には、大海人皇子の勇ましい戦いぶりが、記録されている。

天武天皇は天子たる徳を備えられ、自らも皇位を嗣《つ》がれることを悟られていた。しかし、機が熟さず、セミが脱皮するように出家し吉野に逃れ、心を寄せる人びとが集まったので、まるで虎が闊歩《かっぽ》するように、天皇の輿《こし》は東の国に向けて進まれ、山川を越えていかれた。その軍勢はまるで雷《いかずち》のように威をふるい、稲妻のように進んだ。矛《ほこ》が威圧し、勇猛な兵士が土煙を巻き上げた。赤く染めた旗は兵器を輝かせ、「兇《あ》しき徒《ともがら》（悪い奴ら）」は、瓦の割れるように散り散りとなり、瞬《また》く間に妖《よう》気《き》はおだやかになった。

こうして戦いは終わり、牛馬を休ませ、心安らかに都に帰っていかれたのである……。

事実、大海人皇子の完膚《かんぷ》なきまでの勝利であった。なぜ、裸一貫で東国に逃れた大海人皇子が、近江朝を圧倒してしまったのだろう。

そこには、なにかしらの要因が隠されていたはずだ。そこで、壬申の乱の中で、特別な意味をもっているであろう案件を、いくつか拾い上げてみよう。まずは、「抹殺された尾張氏」である。『日本書紀』は、なぜか壬申の乱最大の功労者の名を伏せてしまっている。それが、尾張大隅《おわりのおおすみ》なのである。

『続日本紀《しょくにほんぎ》』霊亀《れいき》二年（七一六）四月の条に、壬申の功臣の子息に田を賜《たまわ》ったとあり、その中に、尾張大隅の子の稲置《いなき》が名を連ねている。同書天平宝字《てんぴょうほうじ》元年（七五七）十二月の条には、稲置らに賜った功田《こうでん》を三世に伝えさせたと記している。

また、大海人皇子が東国に逃れたとき、大隅はわざわざ大海人皇子を出迎えたと記録する。しかも彼は、戦闘準備を整え、行宮《あんぐう》（天皇の在所）を造り、軍資を共助した、というのである。

ところが、『日本書紀』は、この尾張大隅の活躍をまったく無視している。『日本書紀』持統十年（六九六）五月の条には、尾張大隅に水田四十町を賜ったとあるが、これが壬申の乱の褒賞《ほうしょう》であったとは記されていない。

そもそも大海人皇子の「大海人」は、尾張系の「大海氏」とのつながりから生まれた名ではないかと考えられている。大海人皇子と尾張氏の関係は、強かったのだ。

ならばなぜ、『日本書紀』は尾張氏を邪魔にしたのだろう。わずかな手勢を率いて東国に逃れた大海人皇子を、捕縛することも可能だったし、助けることは朝廷を敵に回すことに直結した。それでも尾張氏は大海人皇子を救ったのだから、乱の最大の功労者といっても過言ではない。

なぜ近江朝が負けたのか

大海人皇子が東国に逃れたという知らせが近江の大津宮にもたらされると、人びとは先を争って逃げてしまったと『日本書紀』は記録する。壬申の乱の戦闘シーンはこのあとも継続して語られるが、兵士の士気を考えれば、すでにこの時点で両軍の勝敗の趨勢《すうせい》は決まっていたのだろう。近江朝の軍勢の中で最後まで必死に戦ったのは、百済系の豪族や百済遺民であった。

なぜ、近江朝はもろく崩れ去ってしまったのだろう。これまでの常識を当てはめていては、解けない謎である。

謎を解く鍵はふたつあって、ひとつは「東国と尾張」、そしてもうひとつは、「蘇我氏の暗躍」であろう。

大海人皇子が東国に逃れたのは、美濃国に大海人の直轄領（湯沐邑《ゆのむら》）があったからだという考えが一般的だった。大海人皇子は直轄領の軍事力をあてにした、という推理だ。

しかし、直轄領に逃げ込んだから近江朝が浮き足だったとは、考えられない。それよりも、尾張氏と大海人皇子のつながりの中に、壬申の乱の真相は隠されているのではなかろうか。

なぜ大海人皇子と尾張氏の関係を『日本書紀』は記録できなかったのか。なぜ、大海人皇子が東国に逃げただけで、近江朝は浮き足だったのだろう。

現実に、東国の軍団は大挙して大海人皇子に加勢している。まるで、計画していたのではないかと思える態勢を整えたのだった。数人の舎人だけだったのに、一気に大軍団に化けたのである。

こういうことではなかったか。ヤマトの改革事業を押し進めていたのは、継体天《けいたい》皇を後押ししていた越《こし》や東海、そして東国の諸勢力で、これに対し西日本の瀬戸内海地域など、既得権益に守られ繁栄してきた地域は消極的だったと思われる。そして大海人皇子は、親蘇我派の皇族として、「継体天皇の遺産」を継承し、尾張氏とともに、反動勢力（近江朝）打倒に立ち上がったということではなかったか。

そして八世紀初頭、実権を掌握した藤原不比等は、父・中臣鎌足を顕彰《けんしょう》するために、中大兄皇子（天智天皇）を英雄に仕立て上げ、大海人皇子を敵視し、尾張氏の活躍を抹殺してしまったのだろう。

蘇我氏の暗躍も、大きな意味がある。

大海人皇子を勝利に導いた決定的な戦闘が起きていて、そこで、蘇我氏が大海人皇子のために一肌脱いでいる。

大海人軍の正面軍は、七月二日、数万の兵をもって不破《ふわ》を出発。近江に向かった。

これに対し、近江方は、山部王《やまべのおおきみ》を総大将に、蘇我果安《そがのはたやす》、巨勢比等《こせのひと》（人《ひと》）らを副将に任命し、数万の兵を授け、不破に向かわせた。双方の主力部隊が、こうして激突することになったのである。

犬上川《いぬかみがわ》（滋賀県犬上郡と彦根市を流れ琵琶湖《びわこ》に注ぐ）のほとりに両陣営が対峙し、いよいよ決戦というそのとき、異変が起きた。総大将・山部王が蘇我果安と巨勢比等の手で殺されてしまったのである。

このため軍は進まず、敵前で空中分解してしまい、蘇我果安は自尽《じじん》して果てた。この一戦で、ほぼ乱の趨勢は決した。

『日本書紀』は、大津宮に迫った大海人軍に対し、近江朝は勇猛に闘ったと言っているが、大友皇子の陣容の描写が過剰で、真相とかけ離れていたのではないかと思えてしまう。念のために、その様子を記しておこう。

天武元年（六七二）七月二十二日。大海人皇子側の村国男依《むらくにのおより》の軍勢は、瀬田《せた》（滋賀県大津市瀬田）に到着し、いよいよ近江の大津宮は目の前となった。最後の決戦である。村国男依は、瀬田の橋の東に陣を布いた。

大友皇子と群臣たちは橋の西側に陣をとった。最後尾が見えないほどの大軍だったと『日本書紀』は記録する（本当だろうか）。旗や幟《のぼり》は野を覆い尽くし、砂埃は天

瀬田の唐橋（大津市）

にのぼり、鉦《かね》や鼓《つづみ》の音声《おんじょう》は数十里先までとどろき、放たれた矢は雨のように降り注いだ。

近江朝の将・智尊《ちそん》（正体不明）は、精兵を率いて男依の攻めかかるのを防いだ。まず橋の真ん中を三丈分切り取り、渡れないようにすると、そこに板を渡して、敵兵がそれを渡ろうとすると板を引っ張って突き落とし、奮戦すること甚だしかった。

しかし、やがて男依側の猛将・大分《おおきだの》稚臣《わかおみ》が出現し、智尊も力尽き、近江軍は敗走したのである。

要は、橋をめぐる攻防だけで勝敗は決したのであり、もはや近江側に闘う余力は残っていなかったのだろう。

大海人皇子は乱ののち都を近江から蘇我氏の地盤・飛鳥《あすか》に戻し、即位する。天武天皇の誕生である。

天智と天武の兄弟仲の悪い理由

ここまでわかったところで、天智天皇と天武天皇の関係に注目してみよう。壬申の乱最大の原因は、天智天皇と天武天皇の不仲に求められるからだ。

なぜ、じつの兄弟なのに、仲が悪かったのだろう。じつの兄弟だから、仲が悪かった、という見方も可能かもしれないが……。そしてこの兄弟には、もうひとつの秘密がある。

不思議なことに、中世文書の多くが天智天皇と弟の天武天皇の年齢を逆に書いている。このことから、『日本書紀』の記事はウソで、本当は天武天皇が年上だったのではないか、と疑われている。そして、天武が天智の兄なら、皇極天皇と高向《たかむくの》王《おおきみ》の間の子・漢皇子《あやのみこ》こそ、大海人皇子の正体だったのではないかとする説がある

（大和岩雄『古事記と天武天皇の謎』ロッコウブックス）。筆者もこの考えを支持する。

ただし通説は、正史（国家が編纂した歴史書）『日本書紀』とあとから編まれた稗史《はいし》（民間の歴史書）を比べて、矛盾があれば、『日本書紀』の記事を信用するのが常識、と大和岩雄の推理を斬り捨てている。事件現場に遭遇した役人の証言と、何百年も後になって民間の伝承を集めた証言では、価値が全く違う、という発想だろう。しかし、くどいようだが、正史は「役人の作った正しい歴史書」ではない。権力者が都合のよいように書いた歴史書といった方が正確なのだ。

事件現場を目撃した役人だからといって、正しい証言をするとは限らない。もしその役人が事件の当事者であれば、なおさらだ。都合が悪いことは、絶対にひた隠しにするだろう。

くどいようだが、『日本書紀』編纂時の権力者は中臣鎌足の子の藤原不比等で、蘇我氏や天武の敵であった。歴史を改竄《かいざん》するために、藤原不比等がいくつものウソをついたであろうことは、想像に難くない。

平安時代は藤原氏の全盛期で、藤原氏が構築した古代史に異論を唱《とな》えることはできなかっただろう。貴族社会が没落した中世に飛び出してきた文書のことごとくが、「天武は天智の兄だった」と口を揃えている事実を、無視できない。天武が天智の兄であったことに、何かしらの、歴史解明のヒントが隠されているはずなのである。そして、大和岩雄は、「漢皇子が大海人皇子だったから」とみなした。そのとおりだろう。

百歩譲って、大海人皇子が天智の弟だとしても、兄弟仲が悪かった理由はすぐにわかる。大海人皇子は母親と同じ親蘇我派の皇族で、しかも蘇我氏に気に入られていたのだろう。有力な皇位継承候補だったにちがいない。『日本書紀』は「古人大兄皇子が皇位継承候補」と言っているが、これはじつに怪しい。

すでに述べたように、蘇我入鹿《いるか》暗殺後、古人大兄皇子は出家して吉野に隠棲したと『日本書紀』は言う。この話、天智天皇の最晩年、天智の罠《わな》から逃れ、吉野に隠棲した大海人皇子の話にそっくりだ。異なる点は、古人大兄皇子が中大兄皇子に対する謀反《むほん》によって、滅亡に追い込まれたことだ。古人大兄皇子は実在したのではなく、「中大兄皇子と大海人皇子がライバル関係にあったことを隠蔽《いんぺい》するための張りぼて」だったのではないかと思えてくる。「中大兄皇子と大海人皇子の兄弟仲の悪さ」は、歴史を塗り替えるほど大きな意味をもっていたからだ。何となれば、中大兄皇子の蘇我入鹿暗殺の最大の動機は、「このままでは皇位を大海人皇子にさらわれてしまう」という危機感からだろう。そして中大兄皇子の焦りにつけ込んだのが中臣鎌足で、全方位形外交を展開する蘇我氏を、中大兄皇子を利用して潰《つぶ》そうと画策したのだろう。

天武天皇の崩御と目に見えない歴史のどんでん返し

壬申の乱の図式が明らかになってきた。

この争いは、乙巳の変の弔《とむら》い合戦でもあったのだ。乱勃発直前から蘇我氏がこぞって大海人皇子に荷担し、大友皇子を裏切りつづけたのは、大海人皇子の即位こそ、彼らの悲願だったからだろう。だから、天智天皇と中臣鎌足のコンビが願った大友皇子の即位を阻止したのである。

大友皇子の悲劇は、父・天智天皇と中臣鎌足のコンビが、多くの人に疎《うと》まれていたことだった。中臣鎌足の子の藤原不比等が権力者になった時代に編纂された『日本書紀』でさえ、孝徳天皇亡き後の中大兄皇子（天智天皇）に対する人々の非難の声を、取りあげざるを得なかった。実際には、「民衆が蜂起《ほうき》しようとしている」と思わせるほどの、緊張感だったのではあるまいか。そうみなさないと、たった数人で東国に逃げた大海人皇子が圧勝してしまう理由がわからない。大海人皇子が東国に逃れただけで、近江朝が空中分解しそうになってしまった、その意味がわからない。

大海人皇子は、雄略《ゆうりやく》天皇、継体天皇、蘇我氏と続いてきた、「東の力を最大限に活用して、守旧派を排除する」という改革派の流れに乗ったのだ。もちろん、大海人皇子は親蘇我派であるとともに、蘇我系の皇族だったと思われる。

この、「親蘇我派」の大海人皇子と、「人気のない中大兄皇子、中臣鎌足」という図式を当てはめれば、なぜ斉明天皇が九州まで連れていかれたのか、その理由もはっきりしてくる。中大兄皇子は孤立し、追い詰められていたのだろう。改革の流れを断ち切り、無謀な遠征を強行したのだから、当然のことだった。

そして、天智天皇と天武天皇の立ち位置がわかれば、古代史の多くの謎が解けてくる。天智天皇と天武天皇の本当の関係がわからなければ、このあとの歴史も、まったくわからなくなってしまう。

奈良時代の終わりに、天武系の王家は天智系の王家に入れ替わってしまう。その後天皇家の菩提寺《ぼだいじ》・泉涌寺《せんにゅうじ》（京都市東山区）では、天武系の天皇を、一切無視してしまっている。因縁《いんねん》めいた兄弟である。

天武天皇は皇族だけで政権を運営するという極端な独裁体制を布く。これを皇親《こうしん》政治というが、目的はいたって簡単なことで、蘇我氏の悲願だった律令整備を一気に進めようと考えたのだ。

すでに述べたように、律令制度は土地制度を兼ねていて、豪族たちの私有地を国家が吸い上げ、旧豪族には役職と禄を与える。この、律令制度に移行するときは、それまでの豪族たちの合議制では、埒《らち》が明かない。利害が対立し、まとまるものもまとまらない。そこで、誰もが認める裁定者を必要とする。この点、天武天皇はうってつけだった。蘇我氏の改革事業を継承しようと立ち上がり、蘇我氏の後押しを受けて壬申の乱を制したのである。

おそらく、孝徳天皇の過ちは、重臣に有力豪族を並べ、さらに、多くの中小豪族の意見も入れながら、彼らとともに、改革事業を押し進めようとしたことだろう。結局意見はまとまらず、不満が噴出し、ここを中大兄皇子に突かれたのだろう。

その轍《てつ》を踏むまいと、天武天皇は決断したにちがいないのである。

ただし、天武天皇は志《こころざし》半ばで崩御する。『日本書紀』は、天武天皇の遺志を継承したのが皇后の鸕野讃良皇女《うののさららのひめみこ》だったと言う。息子で皇太子の草壁皇子《くさかべのみこ》が即位することなく早逝《そうせい》すると、自ら即位し、辣腕《らつわん》を振るったと『日本書紀』は言う。

しかし、鸕野讃良皇女は天智天皇の娘で、持統天皇として即位後には、中臣鎌足の子の藤原不比等を大抜擢《ばってき》している。これは、歴史のどんでん返しであった。

ここに、「『日本書紀』によって隠蔽されてしまった大政変」「静かなクーデター」が起きていたのだ。律令制度の理念は失われ、土地を奪われて裸になった豪族たちは、次々と藤原氏の魔の手で葬り去られていく。すなわち日本は、この事件（静かなクーデター）の前と後では、全く違う国になってしまったのである。

古き良き時代は、ここに幕を下ろした。ここから先、「藤原氏だけがおいしい思いをする世の中」が完成してしまうのである。

おわりに

天智《てんぢ》天皇の作った大和三山の歌を知っている人は多いだろう（『万葉集』巻一―一三）。無粋だが現代訳にすれば、おおよそ次のようになる。

「畝傍山《うねびやま》が男らしいと、天香具山《あめのかぐやま》と耳成山《みみなしやま》は恋いこがれ、寵愛を受けようと争った。神代《かみよ》からこうであるらしい」

『播磨国風土記《はりまのくにふどき》』に同様の記事が載っていて、古代の人びとは大和三山を男女の仲に喩《たと》えていたようだ。牧歌的な話にも見えるが、実際は「権力闘争」を表現していたのではなかろうか。

ヤマトの王家は、たびたび入れ替わったと信じられてきた。たとえば三王朝交替説が有名だが、実際には「三つの高貴な家」の出なら、誰でも王（大王、天皇）になれたのではないかと、最近考えはじめている。それが「蘇我《そが》」「物部《もののべ》」「尾張《おわり》」の三氏で、大和三山は、彼らを象徴する山だったのではないかと思っている。

たとえば、尾張氏の始祖は「天香語山命（天香具山命）」で、天香具山とつながる。畝傍山から飛鳥にかけては蘇我氏の固い地盤だから、畝傍山は蘇我氏の山にちがいない。神武天皇が畝傍山と接点をもつのは、そのためだろう。そして、最後に残った耳成山が、ヤマト最大の豪族・物部氏を表していたのではなかろうか。つまり、王家は「畝傍山（蘇我系）」で、物部氏と尾張氏がキサキの座を狙っているという図式だが、実権を握るのは王ではなくキサキのミウチなのだから、二人（ふたつの山）は必死に畝傍山に愛を求めたわけである。

また、物部系や尾張系の王が出現したことも、何度かあったのではなかったか。東国から現れた継体《けいたい》天皇は尾張系かもしれず、また本文で述べたように、推古《すいこ》天皇や皇極《こうぎょく》天皇は物部氏の匂いがする。

『日本書紀』は「尾張氏の祖は天皇家と同族」と言い、『先代旧事本紀《せんだいくじほんぎ》』は「尾張氏は物部氏の同族」と記録する。そして、蘇我氏は尾張氏を、まるで同族であるかのように使役している。彼らの関係が錯綜し、密接なのは、ヤマト建国来の因縁であろう。いくつもの地域が集まってきてヤマトは完成した。黎明期のヤマトで、有力者たちは婚姻関係を結んだにちがいなく、そのとき、三つの名家が誕生したのだろう。おそらくヤマトの王家は、ひとつではない。

なお今回の執筆にあたり、ＰＨＰ研究所の前原真由美氏、三猿舎の安田清人氏、歴史作家の梅澤恵美子氏に御尽力いただきました。改めてお礼申し上げます。

合掌

関　裕二

本書は、書き下ろし作品です。

著者紹介
関 裕二（せき　ゆうじ）
1959年、千葉県柏市生まれ。歴史作家。仏教美術に魅せられて足繁く奈良に通い、日本古代史を研究。古代をテーマにした書籍を意欲的に執筆している。
著書に『百済観音と物部氏の秘密』（角川学芸出版）、『応神天皇の正体』（河出書房新社）、『古事記の禁忌 天皇の正体』『藤原氏の正体』（以上、新潮文庫）、『教科書に絶対！載らない 偽装！古代史』（廣済堂文庫）、『伊勢神宮の暗号』（講談社＋α文庫）、『おとぎ話に隠された古代史の謎』『日本を不幸にした藤原一族の正体』『ヤマト王権と十大豪族の正体』（以上、PHP文庫）など多数ある。

ＰＨＰ文庫　ヤマト王権と古代史十大事件

2014年5月22日　第1版第1刷
2022年12月9日　第1版第4刷

著　者　関　裕二
発行者　永田貴之
発行所　株式会社ＰＨＰ研究所
東京本部　〒135-8137　江東区豊洲5-6-52
ビジネス・教養出版部　☎03-3520-9617(編集)
普及部　☎03-3520-9630(販売)
京都本部　〒601-8411　京都市南区西九条北ノ内町11

PHP INTERFACE　https://www.php.co.jp/
組　版　有限会社エヴリ・シンク
印刷所
製本所　大日本印刷株式会社

ISBN978-4-569-76181-7

PHP文庫

ヤマト王権と十大豪族の正体

物部、蘇我、大伴、出雲国造家……

関 裕二 著

神武東征は史実？　蘇我氏は渡来系？　天皇が怯え続ける秦氏の正体……。古代豪族の系譜を読みとけば、古代史の謎はすべて明らかになる！